TIRAGE

6oo Ex. écu vergé.

18o Ex. carré vergé, avec changement de garnitures et double état des deux portraits, numérotés de 1 à 18o.

45 Ex. raisin Whatman, avec triple état des deux portraits, numérotés de 181 à 225.

12 Ex. raisin chine, avec triple état des deux portraits, numérotés de 226 à 237.

CORRESPONDANCE

DE

MME DE POMPADOUR

La Marquise de Pompadour

DITE

La Belle Jardinière.

LA MARQUISE DE POMPADOUR
DITE
La Sultane.

CORRESPONDANCE

DE

MME DE POMPADOUR

AVEC SON PÈRE, M. POISSON

ET SON FRÈRE, M. DE VANDIÈRES

Publiée pour la première fois par

M. A. P.-MALASSIS

Suivie de lettres de cette dame à la comtesse DE LUTZELBOURG,
à PARIS DUVERNEY, au duc D'AIGUILLON, etc.,
et accompagnée de notes et de pièces annexes.

PARIS

J. BAUR, LIBRAIRE-ÉDITEUR

11, rue des Saints-Pères, 11

—

MDCCCLXXVIII

A Monsieur

ALFRED MORRISON

Son reconnaissant et dévoué

A. P.-MALASSIS.

PRÉFACE

PRÉFACE

I

L'écrivain français qui, depuis Voltaire, a parlé de
Madame de Pompadour avec le plus de justice et de
justesse, Sainte-Beuve, remarquait en 1850 qu'on avait
d'elle un très-petit nombre de lettres authentiques. A
cette date, en effet, on ne connaissait guère que partie
de sa correspondance avec la comtesse de Lutzelbourg,
publiée dans les Mélanges de la Société des Bibliophiles, en même temps qu'un billet à Paris Duverney;
soit une quinzaine de lettres, sans plus.

A vingt-sept ans de distance, en voici réunies quatre-
vingt-dix, adressées à onze correspondants divers,
quelques-uns de ceux à qui la Marquise a pu écrire
avec le plus de sincérité, d'affection et d'abandon :
quinze lettres à une amie, et Madame de Pompadour
se piquait, à juste titre, semble-t-il, de vérité et de

fidélité dans l'amitié ; cinq lettres à l'un des frères Paris
sur la fondation de l'École militaire ; dix-huit lettres à
un assez triste protégé, le duc d'Aiguillon, dans son
commandement de Bretagne, et puis, quarante-trois
lettres à son père, M. Poisson, et à son frère, M. de
Vandières, ces dernières au nombre de trente et une,
écrites à celui-ci pendant le voyage qu'il fit en Italie
de 1749 à 1751, avec un cortége d'artistes et de gens
de lettres, pour se former le goût aux beaux-arts. Cette
série d'épîtres familières motive, entre toutes, une
publication qui sans elle eût paru mince et eût trop
laissé à désirer. On les ignorait, elles ont passé en
vente publique seulement en février 1877, et ont été
acquises, au prix d'un peu plus de cent francs la lettre,
par M. Alfred Morrison, amateur anglais aussi libéral
que passionné, qui possède une incomparable collec-
tion d'autographes et de documents historiques.

Voici donc ici Madame de Pompadour pendant deux
cents pages toujours présente, et l'on peut dire, toujours instante, car sa manière est vive, brusque, pres-
sante, pressée, affairée ; la voici dans son ton et dans
son tour d'esprit essentiellement uni, bourgeois, composé de bons lieux communs de morale, et piqué çà et
là d'expressions littéraires, souvenirs de ses rôles et de
ses lectures : « C'est aux âmes communes à qui il convient d'envoyer leurs démissions ; » toujours ardente à
combler de biens ses parents et ses créatures, aimant
à obliger, conseillère attentive et sensée, bonne femme
autour d'elle. La voici ensuite avec sa sentimentalité
amoureuse pour Louis XV qu'elle n'a voulu que pour
lui-même, dont la seule présence fait son bonheur :

« Je suis seule ici avec le Roy, et peu de monde, ainsi j'y suis heureuse, » et elle l'étend à toute la famille royale et à sa postérité, car elle donnerait « sa vie » pour la Reine, et « six mois » de sa vie pour que la Dauphine accouchât d'un garçon. La voici encore avec ses goûts appliqués pour tous les arts qui peuvent mettre en jeu, faire valoir et relever son esprit, ses charmes et sa beauté, soucieuse de multiplier ses images, en même temps que celles du Bien-aimé, et de les répandre, car ils font un beau couple et bien appareillé. Et enfin, nous la retrouvons en reine, en reine gouvernante, reine de la main gauche, mais plus passionnée à jouer son rôle qu'aucune reine de la main droite, tâchant à piquer d'honneur un commandant de province qui voudrait fuir les orages amassés sur sa tête. Car la Marquise a remplacé le Roi dans les choses d'État, surtout à partir du jour où elle a compris qu'en elle la maîtresse était finie, et règne avec les façons de reine, qu'elle a prises en grande et « vieille » comédienne, comme elle le dit, et si les mémoralistes français insistent surtout sur ses grâces, les étrangers restaient frappés de ses façons imposantes : « Après la ronde de révérences qu'on me fit faire chez tous les individus de la famille royale, on me conduisit chez une espèce de seconde reine qui en avoit bien plus l'air que la première.... » dit le prince de Ligne, et il ajoute, plus loin, à une liste de choses qui ne se verront plus : « J'ai vu Madame de Pompadour avec l'air de grandeur de Madame de Montespan[1]. »

[1] Mémoires du prince de Ligne, p. 51 et 122, éd. Albert Lacroix, Bruxelles, 1860, in-12.

Ces lettres diverses seront précieuses à qui se plaît à se figurer les personnages célèbres se mouvant et se faisant voir de toutes manières, mais on n'y trouvera rien qui puisse changer ou seulement modifier les jugements sur le caractère et le rôle de la Marquise, la plupart beaucoup plus sévères et même plus durs qu'il ne conviendrait. Sa mémoire porte le poids du temps où elle a vécu ; malgré tout, et après plus d'un siècle, le sang français garde encore un ferment de colère et de haine contre le lamentable règne dont elle reste politiquement la figure dominante. Pourtant, dans l'état actuel de la civilisation européenne, les conséquences de l'alliance avec l'Autriche sont à considérer d'un tout autre œil qu'on ne l'a fait jusqu'ici, et quant à son rôle à l'intérieur, cette bourgeoise parvenue qui marque l'avénement irrégulier mais effectif de la classe moyenne à la cour, protectrice des gens de lettres et des artistes, et qui fit expulser les Jésuites, n'a pas nui à la perte de la vieille monarchie. Il convient de s'en tenir sur elle aux jugements de Voltaire, et l'on risque à se placer en deçà ou au delà. Il écrivait à Damilaville : « Comptez, cher frère, que les vrais gens de lettres, les vrais philosophes, doivent regretter Madame de Pompadour. Elle pensait comme il faut, personne ne le sait mieux que moi. On a fait, en vérité, une grande perte. » Et à l'abbé de Bernis : « Le Roi était aimé pour lui-même par une âme sincère qui avait de la justesse dans l'esprit et de la justice dans le cœur ; cela ne se rencontre pas tous les jours. » Et à d'Alembert : « Avez-vous regretté Madame de Pompadour ? Oui, sans doute, car dans le fond de son cœur elle était des nôtres. Elle protégeait les lettres autant qu'elle le pouvait : voilà un beau rêve de fini. »

Que la Marquise reste assez sévèrement jugée, cela importe peu d'ailleurs; cette créature sans chimère, apte aux jouissances de l'intelligence, qui vécut de toutes ses forces, n'est pas de celles qui fondent les cœurs en tendresses. Au moins par l'ensemble de ses facultés et de ses appétits a-t-elle toute chance d'échapper au ridicule de ce qu'on entend aujourd'hui par une réhabilitation littéraire. Elle manque de deux éléments essentiels à ce prurit d'un nouveau genre : la dévotion et le tempérament. Jamais tentative de relèvement ou de canonisation ne se verra pour une pécheresse qui fait demander à son amant, si oui ou non, au lit de mort, elle doit se confesser, et qui après avoir avoué à sa femme de chambre qu'elle se stimulait d'aphrodisiaques pour donner au Bien-aimé la grimace de la passion physique, ajoutait : « Quelquefois, il me trouve une *macreuse* [1]. » Ce sont là autant de seaux d'eau froide sur les ardeurs réhabilitantes.

Le duc de Lévis raconte que dans l'entourage du maréchal de Richelieu octogénaire, aux approches de la Révolution, il put voir, entre autres « siècles, » une duchesse de Phalaris dans les bras de qui le Régent avait expiré quelque soixante ans auparavant, « personnage, » ajoute-t-il, avec bénignité, « passivement

---

[1] *Mémoires* de Madame du Hausset, p. 78, éd. de Bruxelles, Baudouin, 1825, in-12. — La macreuse est « un gibier de carême, d'un sang très-froid, qui passait pour une manière de poisson. » *Dictionnaire* de Richelet.

historique [1]. » D'autres dames du siècle, en assez grand
nombre, formeraient un groupe de personnages passifs
du même genre. Mais Madame de Pompadour domine-
rait de la tête le groupe des dames activement historiques. « La vie que je mène est terrible [2], » écrivait-elle;
c'était à la lettre, et elle en mourut. « Il est bien ridicule qu'un vieux barbouilleur de papier, qui peut à
peine marcher, vive encore, et qu'une belle femme
meure à quarante ans, au milieu de la plus belle car-
rière du monde. Peut-être si elle avait goûté le repos
dont je jouis, elle vivrait encore. » Voltaire met ici le
doigt sur la plaie, la vie à outrance; mais il fallait bien
faire « le plus vilain métier » celui de Roi, pour cet
apathique qui le faisait « le plus à contre-cœur possible [3]. »

Entre les pièces qui nous ont paru devoir être jointes
aux lettres, comme donnant, en quelque sorte, une impression de présence réelle de la Marquise, on remar-
quera le portrait qu'a tracé d'elle Georges Leroy, le
lieutenant des chasses de Versailles, surnommé par son
ami Diderot, le *satyre*. C'était un grand amateur et ap-
préciateur du beau sexe, et sans doute devons-nous à
son penchant cette page savoureuse. C'est Madame de
Pompadour de 1745 à 1748, c'est-à-dire de vingt-

---

[1] *Souvenirs et portraits*, 1780-1789, par M. le duc de
Lévis; Paris, Laurent Beaupré, 1815, in-8.

[2] Voir p. 103, lettre IV à Madame de Lutzelbourg.

[3] L'abbé Galiani disait de Louis XV qu'il faisait le plus
vilain métier, le métier de roi, le plus à contre-cœur possible.

quatre à vingt-sept ans, car plus tard, elle ne suivit plus
le Roi dans ses chasses [1].

II

En même temps qu'on nous demandait pour la
Correspondance quelques notes nécessaires, on nous
priait de donner au livre une décoration dans le *style
Pompadour*. L'expression est des plus abusives pour dire
une illustration de fleurons et de culs-de-lampe en taille-
douce, imprimés dans les blancs réservés en tête et en
fin des chapitres, à supposer même que ces ornements
soient du style rocaille ou rococo, improprement dit,
depuis quelques années, *Pompadour*, dans l'invention
et le goût duquel la Marquise n'a jamais été pour rien.
Ce style avait eu tout son épanouissement avant l'avénement et la faveur de la dame. Le *style Pompadour*,
comme le tempérament de louve de *la Pompadour*,
sont deux inventions saugrenues du romantisme qui
s'en est permis bien d'autres.

Comme nous n'avions à notre disposition ni Eisen,
ni Gravelot, ni Cochin, ni personne qui leur ressemble, il a fallu se rabattre à demander la décoration
en question à des monuments contemporains, autant
que possible relatifs à la Marquise, ou exécutés par

---

[1] « Je ne vais plus à la chasse depuis trois ans. » Voir
p. 111, lettre IX à Madame de Lutzelbourg, du 5 décembre
1751.

ses ordres, ou émanés d'elle ; et voici à quoi nous nous sommes arrêté :

Deux portraits : Mme de Pompadour en *Sultane,* et en *Belle Jardinière.*

Madame de Pompadour en *Sultane,* le seul portrait parfaitement ressemblant de sa sœur, d'après M. de Marigny, figure dans une composition de C. Vanloo, connue sous le titre de *la Sultane,* qui a été gravée par Beauvarlet ; le tableau est sous le n° 131 au Catalogue de la vente après décès de la Marquise [1]. Ce profil détaché d'un ensemble où il se perd, a pris, ce nous semble, du caractère et de l'intérêt. Rapprochement fait de tous les autres portraits authentiques connus, c'est dans cette silhouette fine, pure, vive, nette et d'une grâce intellectuelle, que nous voyons le mieux la célèbre maîtresse. La date d'exécution doit être à peu près la même que celle du portrait écrit de Georges Leroy.

Madame de Pompadour en *Belle Jardinière,* peinture célèbre de C. Vanloo, très-bien gravée par J.-L. Asselin, figurait sous le n° 130, dans le Catalogue de la vente après décès. C'était celle de ses images que le modèle préférait ; elle s'était plu à en revêtir, dans

---

[1] Catalogue des tableaux originaux de différens maîtres, miniatures, dessins et estampes sous verre de feue Madame la marquise de Pompadour.... Paris, imp. de Herissant, 1766, in-8. — La vente commença le lundi 28 avril 1766 et dura presque une année. Le catalogue est rare, mais M. Campardot l'a réimprimé à la suite de son livre *Madame de Pompadour et la Cour de Louis XV....* Paris, H. Plon, 1867, in-8.

ses divers *Ermitages,* le costume bariolé et qui pouvait passer pour champêtre dans des jardins d'architectures vertes, d'eaux jaillissantes et de marbres.

Trois fleurons en tête de chapitres.

Ces trois fleurons en passe-partout sont empruntés à l'*Anti-Lucrèce* du cardinal de Polignac, décoré par Eisen [1] ; ils sont ici de dimension réduite.

Dans le premier, nous avons fait encadrer les deux blasons accolés de France et de Pompadour. Les Tours de celle qui pouvait dire aux ambassadeurs : « Je ne crois pas, Messieurs, que vous veniez nous chercher à Compiègne, » peuvent aussi justement figurer à gauche des Fleurs de lis, que la Tête de buffle des Leckzinski ; c'est une légitimité d'un autre genre, voilà tout.

Dans le second et le troisième fleuron ont pris place, réduites aussi, deux gravures de l'œuvre de Madame de Pompadour [2], d'après deux intailles de Jacques Guay,

---

[1] *Anti-Lucretius, sive de Deo et natura libri novem;* Paris, Coignard et Boudet, 1747, 2 v. in-8. Les fleurons et culs-de-lampe d'Eisen, au nombre de quinze, se retrouvent dans la traduction en français de Bougainville; Paris, 1749, 2 v. in-8.

[2] L'Œuvre gravé de Madame de Pompadour, composé surtout de reproductions de pièces de glyptique à la gloire du règne de Louis XV, a été l'objet d'études et de descriptions de M. Albert de la Fizelière *(Gazette des Beaux-Arts,* 1er août 1859), de MM. de Goncourt *(les Maîtresses de Louis XV),* et d'une publication ornée de planches : *Notice sur Jacques Guay,* graveur sur pierres fines du roi Louis XV, par J.-F. Leturcq; documents inédits émanant de Guay, et notes sur les œuvres de gravures en taille-douce et en pierres fines de la marquise de Pompadour; Paris, J. Baur, 1873, grand in-8, papier vergé.

le Temple de l'Amitié, et la *Victoire de Lutzelberg*, dont voici les descriptions empruntées à l'exemplaire même du célèbre graveur sur pierres fines :

TEMPLE DE L'AMITIÉ.

« Il est d'un ordre toscan, la façade est formée par deux colonnes surmontées d'un fronton angulaire, dont le tympan est orné d'une tour. Au-dessous de l'entablement est suspendue une médaille portant un chiffre (composé d'un P et d'un L entrelacés), il est attaché à une guirlande de chêne entortillée aux deux colonnes. L'ordre d'architecture choisi pour ce temple est le plus solide, et l'arbre duquel on a formé la guirlande est le plus durable. Ils indiquent le caractère d'une véritable amitié qui, établie dans les cœurs faits pour la ressentir, ne s'y altère jamais. »

Cette pierre, qui est une topaze d'Inde, forme la troisième face du cachet de Madame de Pompadour, conservé à la Bibliothèque nationale ; les deux autres faces représentent *l'Amour sacrifiant à l'Amitié* et *l'Amour et l'Amitié*. On pénètre assez le motif de ces allégories.

VICTOIRE DE LUTZELBERG.

« On voit les armes de France exaltées sur une colonne de marbre très-fin, ornée de palmes désignant la gloire d'une victoire complète. »

Cette intaille sur cornaline se trouve aussi à la Bibliothèque nationale ; le fait d'armes, assez oublié, qu'elle consacre, valut au prince de Soubise la dignité de maréchal. L'une et l'autre pierre sont sur des dessins de Boucher.

Et enfin, TROIS CULS-DE-LAMPE.

Le premier, cartouche rocaille au centre duquel se lit ce nom *Crecy*, est l'ex-libris pour la bibliothèque que la Marquise avait à ce château[1]. Nous le soupçonnons fort d'être sorti de sa main, et la meilleure raison que nous puissions en donner, c'est qu'un graveur de profession eût beaucoup mieux fait.

Le second cul-de-lampe est une reproduction du fer de sa bibliothèque pour les in-4°, après que le Roi lui eût donné les honneurs de duchesse (octobre 1752), belle frappe rococo, où les griffons gardent son blason vautrés sur le manteau ducal fourré d'hermines et brodé de tours.

Et le troisième cul-de-lampe est formé des armes de son frère, M. Poisson de Marigny, réglées par d'Hozier « de gueules, à deux poissons en forme de barbeaux, d'or, adossés, » dessinées par Charles Cochin, telles que nous les rencontrons en tête de la dédicace du livre que celui-ci écrivit, en collaboration avec Bellicard, sur les antiquités d'Herculanum[2].

Nous ajouterons que tous les fleurons et vignettes

[1] Cette bibliothèque se confondit sans doute dans la masse des livres vendus après son décès : *Catalogue des livres de la Bibliothèque de Madame de Pompadour....* Paris, Herissant, 1765, in-8, de XVI-404 p., contenant 3,525 articles, plus la musique et les estampes.

[2] Observations sur les antiquités d'Herculanum.... par MM. Cochin et Bellicard ; Paris, 1755, in-12. fig.

ont été gravés exprès, dans leur style, d'après le cahier spécimen de Gillé [1] qui fut le grand fondeur en caractères de la seconde moitié du XVIIIe siècle, et que la couverture du volume est fac-similée d'une brochure du temps. Il n'y a rien dans la décoration du livre qui ne se justifie et ne s'explique, et comme on eût dit au bon temps de la langue, qui ne soit congruant.

A. P.-MALASSIS.

[1] *Nouveaux fleurons et vignettes sur différens corps.* De la fonderie de J. Gillé. 1773, in-4.

PORTRAIT

DE LA

MARQUISE DE POMPADOUR

PORTRAIT

MARQUISE DE POMPADOUR

La marquise de Pompadour étoit d'une taille
au-dessus de l'ordinaire, svelte, aisée, souple,
élégante ; son visage étoit bien assorti à sa
taille, un ovale parfait, de beaux cheveux, plutôt châtain clair que blonds, des yeux assez
grands, ornés de beaux sourcils de la même
couleur, le nez parfaitement bien formé, la
bouche charmante, les dents très-belles, et le

d

plus délicieux sourire; la plus belle peau du monde donnoit à tous ses traits le plus grand éclat. Ses yeux avoient un charme particulier, qu'ils devoient peut-être à l'incertitude de leur couleur; ils n'avoient point le vif éclat des yeux noirs, la langueur tendre des yeux bleus, la finesse particulière aux yeux gris; leur couleur indéterminée sembloit les rendre propres à tous les genres de séduction et à exprimer successivement toutes les impressions d'une âme très-mobile; aussi le jeu de la physionomie de la marquise de Pompadour étoit-il infiniment varié, mais jamais on n'aperçut de discordance entre les traits de son visage; tous conspiroient au même but, ce qui suppose une âme assez maîtresse d'elle-même; ses mouvemens étoient d'accord avec le reste, et l'ensemble de sa personne sembloit faire la nuance entre le dernier degré de l'élégance et le premier de la noblesse.

La marquise de Pompadour étoit née avec un caractère modéré et une intelligence peu au-dessus de la commune. Sa mère, qui avoit été fort galante et ne manquoit pas d'habileté, ayant, presque dès l'enfance, destiné sa fille à faire fortune par la beauté et les talens agréables, lui avoit donné dans ce genre une éducation très-soignée ; la jeune élève en avoit parfaitement bien profité. On put dire d'elle ce que Salluste disoit de Fulvie : « *Psallere, saltare elegantius quam necesse est probæ.* » Mariée jeune, dans une maison opulente, sa beauté, son caractère et ses talens la rendirent l'objet des adorations d'une société nombreuse ; mais soit que son sentiment intime lui dît qu'elle pouvoit prétendre à mieux qu'aux hommages de cette société bourgeoise, soit que des vues d'ambition lui fussent suggérées par sa mère, il paroît qu'elle forma et nourrit assez long-temps des desseins sur le cœur de Louis XV.

D'abord, elle chercha les occasions de se faire remarquer à la chasse, et comme sa beauté étoit alors dans tout son éclat, il étoit impossible qu'elle ne devînt pas un objet d'attention et même d'intérêt pour un prince jeune, ardent, qui devoit se sentir beaucoup de moyens de

plaire, et qui avoit vaincu la timidité qui, pen‑
dant longtemps, avoit balancé son goût pour
les femmes.

L'occasion des fêtes pour le second mariage
de Monsieur le Dauphin amena une entrevue
qui, vu les dispositions réciproques, ne pouvoit
avoir qu'un heureux succès, et qui fut suivie
de plusieurs autres. Les courtisans pénétrèrent
bientôt un mystère qu'on ne prenoit pas gran‑
des précautions pour cacher ; on espéroit le
plus grand succès d'une publicité graduée et
ménagée adroitement ; il est vraisemblable que
le Roy n'avoit compté, dans toute cette intrigue,
que sur un amusement passager ; mais lorsque
celle qui en étoit l'objet, armée de tout le pou‑
voir que les larmes et le désespoir peuvent prê‑
ter à la beauté, lui peignit le malheur affreux
dans lequel la plongeoit le sacrifice qu'elle avoit
eu la faiblesse de lui faire, lorsqu'elle lui montra
qu'honorée, chérie, heureuse dans une fa‑
mille qui l'idolâtroit, elle seroit punie, par l'op‑
probre et le mépris général, de l'amour qu'elle
avoit eu pour lui, ce prince, naturellement hon‑

nête et bon, se crut entraîné par une nécessité
indispensable à un éclat qu'il n'avoit pas prévu
et qu'il eût voulu peut-être éviter. De ce moment, l'état de maîtresse déclarée du Roy devint
un rang à la cour.

La marquise de Pompadour vit toute la
France à ses pieds ; ce qu'il y avoit de plus
grand, même en femmes, s'empressa de lui
faire sa cour à des toilettes publiques qui attes-
toient le pouvoir de la beauté et le respect,
peut-être outré, des courtisans pour les volontés du maître. On peut juger de l'impression
qu'un éclat si éblouissant dut faire sur une personne accoutumée, à la vérité, aux hommages,
mais étrangère aux manières et surtout au respect de la plus brillante des cours. Elle n'y pa-
rut point déplacée ; elle plia même les courtisans
à son propre ton, et conserva, sans beaucoup
de mélange, les manières et l'ensemble d'une
jeune beauté qui avoit été idolâtrée dans une
société qui n'étoit pas du premier ordre, et qui
se croyoit faite pour l'être partout. L'ivresse du
bonheur se faisoit remarquer dans les yeux de

la marquise de Pompadour ; il faut pourtant lui rendre cette justice, qu'en jouissant de son triomphe avec un air d'empire, elle n'y mêla point de hauteur déplacée ; elle conserva avec les personnes qui avoient été ses égales une décente familiarité. Les grands n'eurent à reprocher qu'à eux-mêmes le profond abaissement auquel ils descendirent souvent. La marquise de Pompadour ne conserva pas longtemps sans inquiétude le pouvoir que sa beauté lui avoit acquis sur Louis XV. Elle le soutint pendant quelque temps par l'usage des talens qu'elle avoit cultivés ; cette ressource fut bientôt usée, et alors elle eut recours à des déplacemens continuels, par lesquels elle essaya de distraire le monarque ennuyé ; mais son goût pour les femmes ne lui rendoit vraiment intéressantes que les distractions de ce genre ; elle prit le parti de présider à ses amusemens, afin du moins d'écarter par son choix toute personne entreprenante qui auroit pu se saisir de l'empire. Elle vouloit conserver le pouvoir sous le nom d'amitié, et elle y réussit ; pour multiplier ses rapports avec le monarque, elle chercha à entrer dans les affaires. La paresse naturelle de Louis, le pouvoir que l'habitude donne sur les âmes faibles aux personnes qui s'attachent constamment à l'acquérir, favorisèrent ce dessein. Les ministres ne proposèrent plus rien au Roy sans le concours de la favorite devenue son amie. Quant à elle, elle ne put porter dans le gouvernement que ce qu'elle avoit, c'est-à-dire une bonne intention générale, avec peu de lumières et nulle expérience; de là, point d'ensemble ni de plan dans la conduite, de petits motifs, de petites affections dans le choix des sujets, de la bonté et de la modération dans les affaires particulières; mais dans les générales, outre l'ignorance naturelle à une femme qui ne s'étoit occupée que des arts d'agrément, la petite vanité d'une bourgeoise devenue premier ministre.

La fin de la marquise de Pompadour ne fut pas heureuse. Longtemps elle avoit paru n'être dominée que par l'ambition et ne chercher à faire usage de sa beauté que pour mettre un monarque à ses pieds. On prétend qu'un ministre audacieux (le duc de Choiseul), qui avoit grand intérêt de la maîtriser, tenta de lui persuader qu'on avoit tort de négliger des charmes qui méritoient l'adoration ; il chercha à le lui prouver par tous les moyens de séduction auxquels il étoit fort exercé, et il réussit ; mais elle sentit bientôt qu'elle s'étoit donné un maître. Dès lors, la vie lui fut plus qu'indifférente. La sérénité qu'elle marqua dans sa dernière maladie porta à croire que la mort la tiroit de quelque embarras, et l'on n'aperçut pas de regrets bien vifs de la part du monarque qui avoit tout fait pour elle.

LETTRES

DE

MADAME DE POMPADOUR

A

SON PÈRE, M. POISSON

1741-1753

LETTRES

A MONSIEUR POISSON

I

a paris ce 3 septembre 1741

Mon tres cher pere

Ne soyez plus inquiet de ma santé je vous
prie elle est admirable apresent jay eu deux
acces de fievre quarte mais il y a 10 jours
que je n'en ay entendu parler et jen suis quitte
absolument jay pris beaucoup de quinquina

2 seignés et autant de medecine mont entie-
rement tirées d'affaire je vous diray mesme
que pour me consoler un peu de toutes ces
mauvoises drogues je vais aujourdhuy ma-
muser a l'opera le courier qui ma rendu votre
letre ma tres bien vu et peu vous rendre compte
de ma santé

Sy jay quelleque remede contre le chagrin
que me donne votre abscence c'est les louanges
que jentends faire dans tout paris sur votre
compte je n'en suis pas etonné mais il est encore bien heureux que le public vous rende
justice vous sçavez quil n'est pas sujet a cau-
tion a propos vraiment vous ecrivez d'un stile
admirable a vos grands amis l'on a raison de
dire quil y a toujours de la dignité dans le
grand françois

M^r de la bouexiere qui dine icy me charge
de cent mille choses pour vous

Adieu mon cher papa portés vous bien et
menagés une vie a laquelle est attaché celle de
votre fille

P. D'ETIOLES

II

(1745)

J'ai remis à M. de Machault, mon cher père, le mémoire de M. de Labourdonnois. Il m'a dit qu'il attendroit celui qu'il fait faire par un avocat, et qui sera plus détaillé.

Votre enfant est incommodée d'un dévoiement et de glaires, occasionnés par les dents canines, qui ne sont pas encore venues, mais il n'y a nulle inquiétude à avoir.

Le procès dont vous me parlez peut sans doute se perdre, puisque tout ce qui est au jugement des hommes est incertain, mais il faudroit qu'ils jugeassent contre les lois. Les bruits qu'on vous mande sont semés par les parties adverses ; je les connois de tout tems, et les méprise; ils ne méritent pas d'autres sentimens.

Mais supposons un moment le procès perdu : ma fille restera avec son père et celui de sa mère (sans lequel elle étoit née); en vérité, son sort est encore assez beau; il en est peu de pareils.

D'ailleurs vous devez bien juger que puisque je n'ai pas sollicité pour un procès d'où dépendoit votre réputation, assurément je ne solliciterai pas pour un où il n'est question que des biens de la fortune.

Quant à l'ordonnance de l'homme bleu, croyez-vous que je veuille mettre au jour l'imbécillité de mon beau-père, que le méchant public prendroit peut-être pour friponnerie ? Je m'en garderai bien. Perdons ou gagnons, mais n'ayons jamais de reproches à nous faire, et que les richesses ne puissent jamais altérer notre bonheur; telle est et sera toujours ma façon de penser, que j'espère que vous approuverez.

Je vous embrasse de tout mon cœur.

III

(1750)

Dornoy s'étoit mal expliqué avec moi, mon
cher père, sur les fonds qu'il a dans les sous-
fermes. Je croyois qu'il ne les céderoit que
lorsqu'il seroit receveur général ; puisqu'il les
cède dès à-présent, je ne crois pas que M. Binet puisse garder sa direction ; je m'en infor-
merai. J'ai dit à Binet d'envoyer un courier à
son parent. S'il consent, comme je n'en fais
aucun doute, au mariage, d'abord que je sau-
rai la décision, j'envoirai Dornoy chercher sa
sœur. Il l'amenera chez lui à Paris, car il est
impossible que je lui fasse son trousseau où
elle est. La noce pourra se faire le lundi ou
mardi gras, car le carême seroit incommode

par la difficulté des dispenses. Croyez-vous que Mlle Dornoy doive être aussi magnifique que Mlle Derigny dont j'avois eu soin comme de ma fille, et croyez-vous aussi que cela ne lui tournât pas la tête, en sortant d'un couvent de province ? Je vous soumets mes réflexions, et attends vos ordres pour les achats d'habits. Est-elle petite ou grande ?

Les sœurs de M. de Malvoisin feront très-bien d'aller passer l'été avec leur mère. La Derigny a été très-mal, mais elle est hors d'affaires.

Vous pouvez bien juger, mon cher père, que je suis très-occupée de marier mon frère ; je vous donne ma parole qu'il le sera avant six mois, et très-bien. Mais pour être heureux, il ne faut jamais désirer les choses impossibles. Je suis sûre qu'il n'y aura jamais de surintendant ni de *finances* ni de *bâtimens* ; ainsi n'y songeons pas. Cela ne m'empêche pas d'être très-certaine de faire un très-bon mariage pour mon frère.

Bonjour, mon cher père ; je ferai chercher quelque chose pour votre fanfan, que vous lui donnerez à votre arrivée; mais jamais d'argent, je vous supplie.

A Monsieur
Monsieur Poisson,
    à Marigny, par Gandelu.

IV

(1750)

Vos ordres ont été exécutés, mon cher père.

Alexandrine a passé six jours à Marly et à Versailles; elle est en bon état, quoique fort maigre. Nous partons demain pour Crécy, jusqu'à samedi, et le mercredi des fêtes jusqu'au samedi d'ensuite. Je crois que vous ne doutez pas du plaisir extrême que j'ai de ces voyages, mon seul regret est qu'ils soient si courts, je voudrois y passer ma vie.

Ne vous inquiétez pas de ma santé, elle est très-bonne; tout ce qui se passe ne la dérangera pas, parce que mon principe est de faire de mon mieux et de ne me pas embarrasser des discours quand je n'y ai pas donné lieu et que je n'ai nul reproche à me faire. Je suis dans ce cas; par conséquent, fort tranquille.

Bonjour, mon cher père, je vous assure de mon tendre respect.

Voilà l'année du retrait de Montrauil (?) finie. Sous quel nom voulez-vous que votre terre soit érigée en marquisat ?

V

(1750)

Je crois vous avoir déjà mandé, mon cher père, que surintendant ne se pouvoit pas, et qu'il n'y falloit jamais penser. Vous avez bien raison de ne vouloir pas paroître dans ce qui va être fait pour mon frère, et surtout de ne pas paroître ici. Si vous connoissiez ce pays-ci comme moi, vous le détesteriez encore plus. Mais votre présence à la cour n'est d'aucune utilité; le Roy érige tous les jours des terres en comtés, marquisats, etc., dont les possesseurs ne paroissent jamais. Il faut que ce soit pour vous, parce que Marigny est à vous, et non à mon frère. Vous serez le maître d'en prendre le nom ou de ne le pas prendre. Je crois pourtant que cela sera plus convenable; vous y réfléchirez. M. de Machault va faire dresser les lettres patentes, ainsi vous n'avez nulle peine à vous donner.

Bonsoir, mon cher père, je vous embrasse de tout mon cœur. Le comté d'Haixois (?) appartenoit sûrement à ceux qui en ont porté le nom; comme il n'est pas à vous, cela ne se peut pas.

A Monsieur
Monsieur Poisson,
    à Marigny, par Gandelu.

VI

(Octobre 1752)

Il n'est pas honnête à vous, mon cher père, de ne m'avoir pas donné signe de vie depuis un siècle. J'ai eu la fièvre pendant dix jours, le Roy m'a donné les honneurs de duchesse, tous ces événemens ne vous ont rien fait. La saignée du pied et un grand mal de teste ne m'ont pourtant pas empêché de dire à mon frère de vous faire part de la grace du Roy, ne le pouvant moi-même. Je vois bien que la petite Alexandrine a chassé Reinette de votre cœur, cela n'est pas juste, et il faut que je l'aime bien fort pour lui pardonner. Je vous renvoie ses lettres, car il me paroît que vous en faites grand cas.

Vous pouvez très-bien écrire à **M**. de Machault pour **M**. d'Aucourt. Je ne sais si son affaire réussira, car on m'a dit que le gouverneur ne vouloit pas quitter; mais ce n'est jamais qu'une lettre de perdue.

Ce n'est pas à **M**. de Crillon à qui je sais mauvais gré des bruits qui ont couru; c'est à **MM**. de Caraman, qui n'ont fait ce vilain tour que pour tâcher de ruiner **M**. de Crillon. Quoi qu'il en soit, j'ai déclaré hautement, et en particulier à **M**. de Richelieu qui est parti pour le Languedoc, que j'étois fort aise du bien qui arrivoit au marquis de Crillon, mais que je ne me mêlois en aucune façon du canal, et que je le priois de le dire à ceux des États qui en douteroient.

Bonsoir, mon cher père; je suis excédée de visites, d'écritures; j'ai cependant bien encore une soixantaine de lettres à écrire.

VII

5 novembre 1752.

Je suis très-fâchée, mon cher père, que vous désiriez Vincennes pour M. de Malvoisin. Comment peut-il vous venir dans l'esprit de vouloir placer un homme de vingt-cinq ans (quelque sage qu'il soit), qui n'a servi que six ans? En vérité, il devroit être content de son état. Il est tant de gens qui n'obtiennent le même qu'après vingt ans de service, et lui en avoit trois. Ce qu'il y a de sûr, c'est que je ne puis demander une chose aussi injuste.

Je vous renvoye la lettre d'Alexandrine, et vous assure, mon cher père, de mon profond respect et du plus tendre attachement.

VIII

Bellevue, 7 décembre 1752.

J'ai fait venir votre Alexandrine à La Muette
hier, mon cher père ; elle étoit en bonne santé.
Cependant vous avez à vous reprocher de lui
avoir occasionné une indigestion. Pourquoi faut-
il que les grands-papas gâtent toujours leurs
petits-enfans ? Je trouve qu'elle enlaidit beaucoup ; pourvu qu'elle ne soit pas choquante,
je serai satisfaite, car je suis très-éloignée de lui
désirer une figure transcendante. Cela ne sert
qu'à vous faire des ennemies de tout le sexe
féminin, ce qui, avec les amis des dites femmes,
fait les deux tiers du monde.

Je serai fort aise de voir M. de Jallais, mais cela
est assez difficile ici : quand le Roy y est je ne

reçois pas de visites ; les autres jours je ne sais jamais qu'au moment si j'y vois ou non.

Herbin doit avoir exécuté vos ordres. Bonjour, mon cher père, je me porte bien, soyez tranquille, et surtout ne croyez jamais les nouvelles : elles n'ont pas le sens commun. Je vous embrasse de tout mon cœur.

IX

12 janvier 1753.

Je vous demande pardon, mon cher père, d'avoir fait le larcin de votre lettre à votre fanfan, mais, en vérité, c'est bien innocemment, car je n'en ai nul souvenir. Je l'ai fait venir aujourd'hui à La Muette, j'ai même dîné avec elle, sa santé est bonne.

Je n'ai rien à ajouter à ce que je vous ai dit en plus d'une occasion : je suis beaucoup moins riche que je n'étois à Paris ; ce que j'ai m'a été donné sans que je l'aie demandé ; les dépenses faites pour mes maisons m'ont beaucoup fâchée ; ça été l'amusement du maître, il n'y a rien à dire, mais si j'avois désiré des richesses, toutes les dépenses faites m'auroient produit un revenu considérable. Je n'en ai jamais rien désiré, et je défie la fortune de me rendre malheureuse : la sensibilité seule de mon âme peut en venir à bout. J'ai au moins la consolation que le public fait cette réflexion, et me rend justice ; avec cette façon de penser vous devez juger si j'ai envie de commencer à demander. Il vous reste toujours la ressource de ce qu'il y a de fonds à moi entre les mains de M. de Montmartel ; cela n'est pas considérable actuellement, parce que j'ai presque tout prêté pour l'Ecole militaire, mais enfin je ne puis offrir que ce qui est à moi.

Je suis en peine d'un secrétaire et d'un grand gobelet de Vincennes qui est parti depuis plus de quinze jours par le carrosse pour Marigny ; je ne conçois pas ce qui peut lui être arrivé.

N'ayez, je vous prie, nulle inquiétude ni pour la personne qui vous a répondu ni pour moi, et aimez votre fille autant qu'elle vous aime.

X

A Choisy, 25 juin 1753.

Je suis étonnée, mon cher père, que vous n'ayez pas reçu de mes nouvelles, il n'y a pas longtemps que je vous ai écrit ; je vous assure même qu'il faut saisir adroitement le moment, car nous sommes toujours en l'air. Je suis fâchée que vous ayez été à Gesvres, et que vous ayez reçu le duc chez vous, non pour son personnel assurément, mais pour les gens qui sont chez lui, et qui, vraisemblablement, ne pensent pas pour vous de la même façon. Monsieur de Blois aura, ainsi que nous, à peu près 150,000 fr. de mon oncle, quand tout sera ramassé. Le Carabinier mouroit de faim, et elle aussi, elle est âgée ; d'ailleurs si mal élevée et si dévote, qu'elle n'est bonne qu'à laisser avec les Béguines qu'elle adore.

Il faudra s'informer de Mlle Renard; si elle est riche, à la bonne heure, sinon, ce n'est pas la peine d'augmenter les malheureux.

Je ne crois pas qu'Alexandrine ait usé de finesse avec vous; si cela étoit, je le trouverois très-mauvais. Je compte la faire venir à Bellevue dimanche.

Bonjour, mon cher père; je vous assure de mon tendre et profond respect.

XI

5 juillet (1753)

Les voyages continuels que nous avons fait, mon cher père, m'ont empêché de répondre à votre lettre.

Vous êtes trompé, si l'on vous dit que le ministre n'attend qu'une parole de moi pour accorder les dix-huit deniers que vous demandez pour M. Bouret. Il me paroît très-décidé à ne les lui pas donner, et vous savez mieux qu'un autre, puisque vous connoissez mon caractère, que je ne fais jamais violence aux gens que j'aime.

Vous avez très-bien fait d'acheter la terre qui vous convenoit, et il vous reste toujours la ressource d'accepter l'offre que je vous ai fait (et que je vous renouvelle de tout mon cœur) de disposer de tout ce que j'ai.

Permettez-moi de vous dire que M. Bouret a grand tort, s'il ne trouve pas sa famille assez récompensée des services qu'il a rendus. Il me semble qu'il l'est au moins autant qu'il doit être, et que je me trouverois fort heureuse si mes parens étoient aussi bien placés. Je crois pourtant qu'il y a (actuellement) quelque différence entre nous.

Je ne sais si M. d'Argenson veut que ce soit M. d'Hozier qui soit généalogiste de l'Ecole militaire; je vous en rendrai compte incessamment. Il a été fort malade, et pendant ce temps, je ne lui ai parlé d'aucunes affaires.

Mon frère compte aller passer quelques jours avec vous. Je voudrois bien y aller avec lui, et renouveler de vive voix à mon cher père les sincères assurances du plus tendre attachement. Je songe très-sérieusement à assurer son état, en le mariant. J'espère, d'ici à quelque temps, trouver choses convenables.

A Monsieur
Monsieur Poisson,
    à Marigny, par Gandelu.

XII

(1753)

Je sais, mon cher père, plusieurs cordons rouges promis, ainsi je doute fort qu'il soit possible d'en obtenir un pour M. de Petit.

Il n'a jamais été question de la prévôté de Paris pour mon frère, ni lui ni moi n'avons de fonds à placer; cette charge est très-chère, rapporte peu, et ne le rendroit pas plus grand seigneur qu'il est; mais il est bien sûr que tout ce qui vaquera lui sera donné par le public : il a été accoutumé aux gens insatiables. Je serois bien fâchée d'avoir cet infâme caractère, et que mon frère l'eût.

Je suis bien fâchée qu'il ne veuille pas se marier; il ne trouvera jamais un parti comme celui que j'espérois lui procurer.

4

Je suis ravie que vous vous amusiez à Crécy;
restez-y, mon cher père, tant que cela vous
conviendra, et rendez justice à mon tendre
attachement.

LETTRES

DE

MADAME DE POMPADOUR

A

SON FRÈRE, M. DE VANDIÈRES

1749-1752

LETTRES

A M. DE VANDIÈRES

I

Vous avés bien fait frerot de ne pas me
dire adieu car malgré lutilité de ce voyage
pour vous et le desir que j'en avois depuis
longtemps pour votre bien jaurois eu de la
peine à vous quitter je ne vous recommande
pas de me donner souvent de vos nouvelles
car je suis bien sur que vous ny manquerés

pas mais ce que je vous recommande par dessus tout c'est la plus grande politesse, une discretion egale et de vous bien mettre dans la teste quétant fait pour le monde et pour la sosieté il faut estre aimable avec tout le monde car sy lon se bornoit aux gens que l'on estime on ceroit detesté de presque tout le genre humain, ne perdés pas de vüe les conversations que nous avons eu ensemble et ne croyés pas que par ce que je suis jeune je ne puisse donner de bons avis jay tant vu de choses depuis 4 ans et demie que je suis icy que j'en scais plus qu'une femme de 40 ans bonsoir cher frere portés vous bien et aimés moy autant que je vous aime.

Je vous envoye vos 3 lettres a cachet volant vous acheverés.

R. ce 28 décembre 1749,
à Lyon.

II

A Choisy, ce 3 janvier 1750

J'ay reçu votre lettre datée de Lyon, mon cher frère, et je serois encore à savoir où je devois adresser ma réponse, si M. Perrier n'étoit pas venu chez moi ce matin. Mandez-moi à l'avenir votre marche, afin que je sache où vous adresser mes lettres. Je suis bien de moitié avec vous sur ce que fait sentir la séparation des gens que l'on aime, et quoique je crusse vous aimer beaucoup, je n'imaginois pas que votre départ pût me faire tant de peine.

Je suis très-convaincue qu'il n'y a que du bien à dire de tous les souverains que vous verrez, mais comme la retenue ne peut être trop grande sur les rois et leurs famille, s'il vous passoit quelque idée ridicule dont votre âge est susceptible, gardez-vous bien de jamais en rien écrire à quiconque ce soit, pas même à moi. Car vous jugerez aisément que les lettres du frère de madame de Pompadour seront ouvertes à Turin. Ainsi retenez bien ce que vous avez à me mander que vous ne voulez pas qui soit su, et ne me l'écrivez que lorsqu'il y aura des couriers. Il est bien ridicule que j'aie oublié de vous avertir d'une chose aussi essentielle.

J'ai eu un peu de rhume dans la tête, mais il est passé; le Roy a un peu de fluxion, mais j'espère que cela n'aura pas de suite. Bonsoir, cher bonhomme, je vous envoirai vos étrennes quand je croirai qu'elles pourront arriver à bon port. Je vous embrasse de tout mon cœur.

A Monsieur　　　　　　　　　　R. 25 mars,
Monsieur de Vandières.　　　　　Rome.
Recommandée à M. Poulain, directeur
de la poste de France,
à Turin.

III

Ce 6 février 1750

J'étois impatiente de ne pas recevoir de vos nouvelles, mon cher frère, surtout depuis l'accident du mont Cenis, arrivé à deux Jésuites; j'aurois eu encore bien plus de peur, si j'avois su tout ce que votre relation à mon père m'a appris. Heureusement vous êtes à Turin, ainsi il n'est plus de risques à courir.

Je suis enchantée de la façon pleine de grace et de bonté dont le roy de Sardaigne et le duc de Savoye vous ont reçu, et je vois qu'on ne m'a pas trompée dans le portrait que l'on m'a fait de ces princes.

Je ne conçois pas comment vous n'avez pas reçu de lettre de moi; je vous en ai écrit une,

il y a un siècle, et je l'ai adressée, ainsi que
M. Perrier me l'a dit, chez le maître de poste
de France, à Turin. Je serois fâchée qu'elle fût
perdue, car il y a une instruction nécessaire
pour vous, que je crois avoir oublié de vous
dire. C'est de vous bien garder de rien mander
qui pût déplaire aux cours où vous serez
attendu, qu'il est très-vraisemblable que l'on y
sera curieux de savoir la façon de penser et ce
que mande à sa sœur et aux autres le frère de
madame de Pompadour.

Le Roy m'a paru content de la lettre que
vous m'avez écrite au sujet du Théâtre de
Turin, et S. M. attend et verra avec plaisir le
plan que M. de Tournehem lui remettra de
votre part. Je vous avoue que suis aussi cu-
rieuse de le voir.

Vous avez fait à merveille de vous lier avec
le comte Alfieri ; suivez toujours cette méthode,
vous vous en trouverez bien. Une conversation
avec un homme savant vaut mieux souvent
que de voir soi-même ; on n'a pas le temps
d'approfondir mille choses qui s'apprennent
dans une conversation.

J'écris à M. de La Chétardie pour le remercier des attentions qu'il a pour vous. Mandez-moi exactement votre marche, afin que mes lettres ne s'égarent plus.

Je vous aime et vous embrasse, mon cher bonhomme, de tout mon cœur.

A Monsieur
Monsieur de Vandières,
      Turin.

R. ce 28 février.

IV

1er mars.

J'ai reçu votre lettre du 16 février, mon cher frère, vous n'y répondez encore à aucune des miennes. Je vous avoue que je ne puis concevoir ce qu'elles sont devenues.

Monsieur de La Chétardie m'a mandé les bontés dont le roy de Sardaigne et M. le duc de Savoye ont bien voulu vous honorer; j'en suis en mon particulier très-reconnoissante. Je crois que vous ne pouvez vous dispenser de retourner à Turin pour le mariage du duc de Savoye, après les bontés qu'il vous a marqué, et l'espèce d'engagement qu'il vous a fait prendre à ce sujet. Ne craignez pas ce que l'on pourroit dire sur ce voyage; le Roy trouve fort bon que vous répondiez aux bontés dont on vous a comblé, et que vous donniez cette marque de reconnoissance à M. le duc de Savoye.

Informez-vous des habits qu'il vous faudra pour ces fêtes, et mandez-le moi; je m'en chargerai, et je veux que vous soyez convenablement à tous égards. Mandez-moi aussi si vous avez des dentelles propres pour un jour de fête.

Je me garderai bien de vous envoyer mes portraits de Liotard, mais je vais vous envoyer la copie d'un fait par Boucher, qui est charmant, et qu'il finira sur moi. J'espère que vous l'aurez à Pâques. Pour votre boëte (elle) tardera peut-être un peu davantage, attendu que je crois le grand portrait plus pressé pour l'usage que vous en voulez faire. Celui du Roy n'est pas encore fini, car j'attends celui de Vanloo, qui, j'espère, sera bien. Je compte qu'il ne tardera pas plus de quinze jours.

Nous avons joué hier, pour la première fois, la tragédie, c'étoit *Alzire*. On prétend que j'ai été étonnante. M. de Tournehem vous en parlera sûrement; aussi je ne m'y arrêterai pas davantage.

Madame la Dauphine est sûrement grosse à présent de trois mois ; le Roy se porte à merveille, est tous les jours plus aimable ; votre sœur est en bonne santé, et vous aime de tout son cœur. Voilà, à peu près, ce qu'elle peut vous mander de plus intéressant.

Alexandrine embrasse son petit oncle.

R. ce 25 mars,
Rome.

V

Je ne conçois pas ce qui peut être arrivé à mes lettres, mon cher frère; voilà la troisième depuis Lyon. Apparemment elles se retrouveront. Vous devez être parti de Turin mardi; ainsi celle-ci court encore grand risque.

Mon père vous a mandé une histoire qui n'a pas été dite par deux personnes. On l'a choisi apparemment pour lui faire ce roman qui n'a pas existé. Dans Paris il est tant d'officieux méchants qui, pour vous tourmenter, sous le manteau de l'amitié, viennent vous faire de pareilles confidences, qu'en vérité, il faut sortir du trou d'une bouteille pour y croire et s'en tourmenter. Cette histoire est bien de ce genre.

Quand je vous manderai quelque chose, croyez-
le, parce que l'expérience que j'ai acquise ne
me laissera pas être la dupe des contes; mais
mon père qui croit tout, quand il est question
de ses enfans, et qui s'agite d'abord qu'il est
question de leur bien ou de leur mal, est suspect dans de pareilles circonstances, d'autant
qu'il croit tout ce qu'il rencontre honnêtes gens,
et se prend de reconnoissance pour eux d'abord
qu'ils lui font amitié; ce qui ne lui manque
pas quand on sait que c'est mon père. Peut-il
être dupe de toutes ces grimaces là, et n'est-il
pas possible de lui mettre en tête que, la faveur
partie, il n'en seroit plus question. Je lui ai
dit cent fois, mais son bon cœur le séduit toujours et lui fait croire les autres comme lui.

Quant aux courtisans, je suis obligée de vous
éclairer sur eux, vous ne les jugez pas tels
qu'ils sont. Si votre naissance vous permettoit
d'aller sur leurs brisées pour les charges où ils
aspirent, soyez bien sûr que sourdement ils
tâcheroient de vous nuire; mais ce cas n'étant
pas, vous êtes pour eux un objet indifférent.
Ne croyez pas encore que les gens en si grande

familiarité osent jamais parler devant leur maître d'autres choses que de très-indifférentes; à plus forte raison, de rien qui ait rapport à moi.

Voilà la vérité exacte. J'ai bien vu et bien réfléchi depuis que je suis ici; j'y ai du moins gagné la connoissance des humains, et je vous assure qu'ils sont les mêmes à Paris, dans une ville de province, qu'ils sont à la cour. La différence des objets rend les choses plus ou moins intéressantes, et fait paroître les vices dans un plus grand jour.

Madame la Dauphine a passé hier sa troisième époque, ce qui fait deux mois et demi de grossesse. Nous pouvons nous livrer à l'espérance, s'il ne lui arrive pas d'accident.

L'affaire de Marigny est totalement finie; je crois mon père content.

Alexandrine embrasse son petit oncle de tout son cœur, sa maman en fait autant.

R. ce 25 mars,
Rome.

6

VI

Ce 16 mars.

Si la lettre que j'avois adressée au maître de poste de France à Turin ne vous parvient pas, mon cher frère, c'est une perte légère. L'Infante a tant de raisons pour aimer le Roy, que je ne suis pas étonnée de l'empressement qu'elle vous a témoigné pour savoir de ses nouvelles. Il est difficile de trouver un père aussi unique dans tous les points.

La dame de Lede est de son naturel assez haute, cependant elle m'a assez d'obligation et est trop politique d'ailleurs pour n'avoir pas eu envie de vous bien faire. Mais elle est abhorrée dans le pays d'où vous venez. Ainsi tout le mal qu'on vous en a dit ne me surprend pas, principalement sur de Maulevrier qui la déteste. Je le ferai remercier des attentions qu'il a eu pour vous.

Le dessin que vous m'avez envoyé de l'autel de Saint-Fidèle m'a paru aussi ridicule qu'à vous.

La princesse Trivulce a connu presque tous les hommes de la cour pendant la guerre d'Italie, aussi je ne suis pas étonnée qu'elle vous en ait parlé; vous avez bien fait de répondre sagement.

J'ai eu, depuis huit jours, une fluxion dans la tête fort considérable; elle va beaucoup mieux, et j'ai été aujourd'hui à l'Ermitage. On vous mandera cependant de Paris que je crache le sang; cela est aussi vrai que toutes les fois qu'on l'a dit.

Madame la Dauphine a passé quatre mois, par conséquent, grosse de trois et demi; vous devez juger de ma joie.

Bonsoir, cher bonhomme, je vous embrasse de tout mon cœur. J'espère vous envoyer d'ici à quinze jours les portraits. Mandez-moi donc pour vos habits.

R. le 31 mars,
à Rome.

VII

Ce 12 avril.

Vous avez vu par mes lettres, cher frère, que ce n'étoit pas ma faute si vous n'aviez pas eu de mes nouvelles. L'Infante n'arrivera à Turin qu'au commencement de juin; aussi je vous ai fait faire trois habits d'été convenables, c'est-à-dire beaux sans ostentation. Je les envoirai à M. de La Chetardie, chez qui vous les trouverez à votre arrivée à Turin. Ainsi il n'est pas besoin que vous en fassiez faire.

Vous avez bien réussi partout où vous avez passé; j'espère que vous continuerez de même. Vous ferez très-bien de faire votre cour à M. de Modène, puisqu'il vous a si bien traité.

Le portrait de Vanloo n'est pas encore fait, ni

la copie du mien ; d'abord qu'ils le seront, je ne
perdrai pas de temps à vous les envoyer. Je n'ai
montré qu'au Roy ce que vous pensez des sta-
tues de l'Infante, car, vous le dites très-sensé-
ment, il ne faut pas toujours dire tout ce que
l'on pense dans ce monde. Je trouve l'esquisse
effroyable ; je crois que Cochin s'est amusé à
vous y mettre tous, au moins ai-je cru y reconnoître l'abbé Le Blanc.

M. de Nivernois est très-content de vous, des
politesses que vous lui avez faites, des bonnes
dispositions où vous êtes, de votre envie de
plaire, etc. Continuez, vous ne sauriez mieux
faire, et prenez ses avis ; il a beaucoup d'esprit
et vous conseillera bien, par l'amitié qu'il a
pour moi. Sa femme est froide à l'abord, mais
sensée et aimable quand on la connoît.

Je ne doute pas que vous n'ayez eu grande
satisfaction à baiser la mule du Saint-Père, et
que vous aurez gagné nombre d'indulgences.
(Donnez vos lettres pour moi à M. de Nivernois, je les reçois plutôt.)

Dornoy se marie demain. Je lui ai fait donner
la charge de receveur des tailles de Paris, qui

est très-bonne, à condition d'épouser la fille du défunt receveur. Il en est devenu amoureux fou; elle est jeune et fort jolie. J'ai donné la corbeille qui est de douze mille livres, pour faire plaisir à mon père qui l'aime.

Bonsoir, mon cher bonhomme, portez-vous bien, donnez-moi souvent de vos nouvelles, vous devez savoir qu'elles me sont chères.

A Monsieur de Vandières.　　R. ce 29 avril 1750, Rome.

VIII

J'ai reçu votre lettre, mon cher frère. Je compte voir demain vos habits, et les faire partir sur le champ pour Turin, où vous les trouverez.

Je suis fort aise de la réception que le Saint-Père vous a fait. La considération que l'on a pour moi ne m'étonnoit pas dans ce pays-ci où tout le monde a ou peut avoir besoin de mes services; mais j'ai été étonnée qu'elle fût jusqu'à Rome. Malgré cet agrément dont il faut jouir, puisqu'il existe, la tête ne m'en tourne pas, et excepté le bonheur d'être aimé de ce qu'on aime, qui est de tous les états, une vie solitaire et peu brillante est bien à préférer.

J'espère que vous penserez comme moi, et que vous ne vous croirez pas plus grand pour des honneurs passagers que l'on rend à la place et non à la personne.

Voilà assez philosopher. Je vous dirai donc pour nous remettre en commerce avec les humains tant anciens que modernes, que ce que j'ai lu et entendu dire de Rome m'avoit préparé à l'admiration où vous en êtes, et je crois à présent que vous me rendez graces souvent de vous avoir engagé à ce voyage. Comme vous me mandez très-bien, le Roy a toutes les gravures de ce que vous voyez, mais moi qui n'ai rien, je ne serai pas fâchée d'avoir le petit portefeuille que vous m'offrez, et je compte que M. Cochin me fera le plaisir d'y travailler. Je le substituerai à perpétuité, comme une chose précieuse, étant faite par un aussi habile homme.

Les portraits ne sont pas encore faits, mais il ne se passera pas quinze jours sans qu'il en parte au moins un.

Bonsoir, cher frérot, je vous embrasse de tout mon cœur, et vous aime de même. Mes complimens à Billy, s'il est encore avec vous, ainsi qu'au marquis de L'Hôpital. Dites quelque chose de ma part à vos compagnons de voyage.

A Monsieur,   R. ce 19 may.
Monsieur de Vandières,
à Rome.

IX

Ce 26 avril.

Le peinture que vous me faites des plaisirs de Rome ne m'a pas séduite, mon cher frère ; malgré cela, je pense que vous ne devez pas vous y ennuyer, ayant autant de belles choses à voir, et tant de bonnes à apprendre.

Je vous envoye enfin la copie de mon portrait de Boucher ; elle ressemble beaucoup à l'original, peu à moi ; cependant assez agréable. Je fais copier celui de Liotard. Je ne sais s'il sera possible d'en rien faire de bien. La copie de votre boëte est aussi sur le même portrait.

J'ai vu, il y a deux jours, vos habits ; ils sont partis pour Turin, où je les adresse à M. de La Chetardie qui vous les gardera soigneusement jusqu'à votre arrivée.

Je ne sais si cette lettre vous trouvera encore à Rome, au moins serez-vous bien près d'en partir. Mandez-moi pendant votre absence à qui j'adresserai les copies que j'envoirai, ou si je les garderai ici jusqu'à votre retour à Rome.

Je vous envoie la mesure juste de deux tableaux que l'on m'a conseillé de faire faire par Vernet, à Rome. C'est pour l'antichambre du Roy, à Bellevue ; il me les faut à la fin d'octobre.

Madame la Dauphine a été saignée avant-hier, pour ses quatre mois et demi. Vous avez bien raison de croire que je donnerois six mois pour la voir accoucher d'un prince.

J'ai eu la migraine aujourd'hui, je la traînois depuis trois jours ; elle ne m'a pas empêché de jouer hier *le Prince de Noisy*, et demain encore pour finir. C'est un opéra admirable depuis les changemens.

Je me porte fort bien d'ailleurs, ainsi qu'Alexandrine, qui embrasse son petit oncle de toutes ses forces ; j'en fais autant.

R. ce 13 mai 1750,
Rome.

X

Mon tableau vous est sûrement parvenu, mon cher frère; ainsi il n'y a plus d'impatience que pour celui du Roy. Je ne sais si vous avez donné ordre au sieur Vernet pour les deux que je lui demande.

Le parent de madame du Hausset peut par hazard être un homme de bien, mais il en existe bien peu dans cet état-là.

Mandez-moi donc votre marche, cher bonhomme. M. de Saint-Germain m'a dit que Lefort arriveroit à Turin le 2 ou 3 juin; ainsi vous devez être en marche. J'espère que vous continuerez à faire aussi bien qu'à votre premier voyage dans cette cour. Faites mes complimens à mylord Lismore.

Je devois aller demain à Crécy, mais j'ai rompu le voyage, y ayant dans le pays des maux de gorge comme ceux qui sont depuis un an à Paris. Je suis trop attachée au Roy pour risquer seulement la plus légère inquiétude sur sa personne. Je désirois aller y passer vingt-quatre heures; Sa Majesté n'a pas voulu me le permettre.

Bonsoir, cher frère; le portrait de Vanloo n'est pas fini; il a eu la rougeole chez lui. M. de T (Tournehem) n'a pas osé le voir pour lui donner ses avis.

R. ce 6 juin 1750,
Turin.

XI

Ce 28.

Plus j'avance en âge, mon cher frère, et plus mes réflexions sont philosophiques. Je suis bien sûre qu'avec le temps vous penserez de même. Excepté le bonheur d'être avec le Roy, et qui assurément me console de tout, le reste n'est qu'un tissu de méchancetés, de platitudes, enfin de toutes les misères dont les pauvres humains sont capables. Belle matière à réflexions, surtout pour quelqu'un né aussi réfléchissante que je le suis.

Pour vous distraire de cette morale, je vous dirai que j'ai trouvé votre caricature effroyable; le Roy l'a trouvée de même, et personne ne vous y a reconnu, ni pas un de vos gens. Je me soucierois peu de posséder ce talent.

Je suis fort aise que vous soyez content de mes portraits; on les a trouvés ici très-jolis, mais peu ressemblans. Quoi qu'il en soit, comme c'est le moins mal qu'il y ait, je vous l'ai envoyé. Il n'y a plus de ressources auprès de Latour, sa folie augmente à chaque instant.

A propos de folie, vous aurez su celle des Parisiens. Je ne crois pas qu'il y ait rien d'aussi bête que de croire qu'on veut saigner leurs enfans pour baigner un prince ladre. J'avoue à ma honte que je les croyois moins imbéciles.

Le Parlement a rendu un arrêt, et tout est fini.

Votre portrait est, je crois, bien peint; il vous ressemble un peu en Gargantua. Je l'envoirai à mon père, et vous aurez soin, à votre retour à Rome, de m'en faire faire un qui soit mieux. L'autre peinture est fort drôle, mais je ne crois pas qu'on puisse faire usage ici de cet homme.

J'ai été voir M. de T (Tournehem) à Étiolles, ce qui lui a fait grand plaisir; je l'ai trouvé charmant.

Je vous crois à Turin, ou peu s'en faut. Faites mes complimens à M. de La Chetardie, et aimez votre sœur autant qu'elle vous aime.

<table>
<tr><td>A Monsieur,
Monsieur de Vandières,
à Turin.</td><td>R. ce 13 juin 1750,
Turin.</td></tr>
</table>

XII

Ce 15 juin.

La commission dont vous a chargé l'Infante, mon cher frère, est sans doute fort agréable, et vous vous en serez acquitté avec zèle. Je suis bien aise que vos habits soient trouvés beaux, je les ai trouvés tels, et j'ai eu soin de joindre l'agrément sans trop de magnificence.

M. de Tournehem m'a dit de vous envoyer cette lettre à Gênes; j'y joins le premier original de Boucher, qu'il a retouché d'après moi, et qui est mieux que la copie que je vous avois envoyée à Rome.

Votre lettre m'a en effet trouvée dans la forêt de Compiègne, où j'ai vu l'Ermitage encore plus joli que l'année dernière. J'y passe la moitié de ma vie avec grande satisfaction.

8

Alexandrine est au couvent depuis quinze jours; elle y est parfaitement bien et enchantée d'y être.

Le temps n'est assurément pas beau; ici il pleut sans cesse, ce qui nous donne de l'inquiétude pour les blés; ils sont déjà renchéris. Cependant, depuis trois ou quatre jours, il fait plus beau, et j'espère que nos inquiétudes vont finir.

Madame la Dauphine avance heureusement dans sa grossesse; M. le Dauphin arrive ici aujourd'hui pour huit jours. Un de ses valets de chambre a été envoyé dans un château-fort, pour avoir osé dire que M. le D. (Dauphin) lui avoit ordonné de faire des amitiés de sa part à M. de Maurepas, ce qui s'est trouvé faux dans tous les points.

Paris est actuellement tranquille; le Parlement continue à recevoir des déclarations, et nous aurons incessamment des pendus. Le Roy ni aucune personne de sa famille n'a passé par Paris, pour punir les habitans de leurs sottises.

Voilà, mon cher bonhomme, les nouvelles de

la ville et de la cour; ce qui ne le sera pas est
ma tendre amitié pour vous.

Le Roy est content du bien qui lui revient de
vous, cela doit vous encourager.

<table>
<tr><td>A Monsieur</td><td>R. ce 13 juillet 1750,</td></tr>
<tr><td>Monsieur de Vandières,</td><td>Gênes.</td></tr>
<tr><td align="center">à Gênes.</td><td></td></tr>
</table>

XIII

M. et Mme Dardoré, mon cher frère, sont on ne peut pas plus contens de vous; cela m'a fait grand plaisir, et j'espère que vous continuerez à bien faire.

J'aime mieux que vous n'ayez pas été à Rome dans le temps des maladies. Il y en a eu de très-considérables auprès de Compiègne, mais elles ne sont pas venues jusqu'à nous.

Je suis de retour ici de mercredi. J'ai trouvé Madame la Dauphine dans la meilleure santé du monde; d'ici à un mois nous saurons à quoi nous en tenir sur le sexe de son enfant.

Il fait un chaud, depuis huit jours, comme il n'y en a pas eu depuis nombre d'années.

M. de Tournehem a été malade d'une espèce
de néphrétique; j'ai eu grand peur, mais il n'y
a heureusement pas eu de suite à cette maladie.

J'ai fait venir ma fille à La Muette; en revenant je l'ai trouvée grandie, embellie et en très-
bonne santé.

J'attends toujours le portrait de Vanloo; j'espère pourtant qu'il va finir; je vous en envoirai
copie aussitôt.

La noce de Mademoiselle Malvoisin avec
Bouret Derigny est pour mardi. Je donne le
dîner à Brimborion, et après la messe y ayant
passé, je souhaite le bonjour aux mariés qui
vraisemblablement souperont chez Bouret.

Bonjour, cher bonhomme, je ne me repens
pas de tous les agrémens que je vous procure
dans votre voyage, puisque vous me donnez
tant de satisfaction par votre bonne conduite.
M. de Meuse veut que je vous fasse ses complimens.

A Monsieur
Monsieur de Vandières,
à l'Académie de France,
à Rome.

R. ce 12 aoust,
Rome.

XIV

Ce 23.

Je ne sais, mon cher frère, si je vous ai remercié des morceaux de cristal que vous m'avez
envoyé; ils sont fort extraordinaires, et il y en
a peu dans ce pays-ci; on me les monte en
boëte à bonbons.

J'ai vu MM. Bureton et de Quinsonas; je les
ai reçus comme des gens chargés de lettres de
vous. A propos de Gênes, on dit qu'une certaine
Madame Victorina a été fort bien avec vous,
que cependant vous aviez envie d'une autre, et
que de celle-ci vous aviez dit : *Prenons toujours ceci, puisque Dieu nous l'envoye*. Je vous
en félicite et vous souhaite prospérité et point
de repentir.

Je vous envoirai incessamment un portrait du Roy, de Vanloo, dont il me fait une copie pour vous; il est ravissant de beauté et de ressemblance; enfin, en voilà un.

Je suis ravie que Vernet ait si bien réussi, et qu'il prouve ici qu'il est un grand homme, ainsi qu'on le croit. J'attends ses deux tableaux avant le 15 novembre, et sur votre rapport, avec impatience.

Soyez sûr aussi que le petit portefeuille pourra être en des mains plus connoisseuses, mais non pas qui en feront plus de cas.

Les deux poires que vous m'avez envoyées sont admirables, mais n'ont point tenté le Roy, et encore moins moi, comme bien croyez.

Nous sommes toujours dans l'attente de Madame la Dauphine. J'ai une lettre toute prête, qui ne partira que pour un garçon.

Je vous embrasse, mon cher bonhomme, de tout mon cœur. Ce pauvre Valliet fils est mort; j'en *suis désolée.*

A Monsieur   R. ce 16 septembre,
Monsieur de Vandières,   Rome.
à Rome.

XV

A Choisy, dimanche 6.

Partout où il y a des humains, mon cher frère, vous y trouverez de la fausseté et tous les vices dont ils sont capables. Vivre seul seroit par trop ennuyeux, ainsi il faut bien les souffrir avec leurs défauts, et avoir l'air de ne pas les voir.

Je savois l'article de votre mariage, il a été mis dans plusieurs gazettes. C'est un très-petit malheur; un réel est la fille dont Madame la Dauphine est accouchée, mais comme elle est en très-bonne santé à son onzième jour, elle nous donnera un prince l'année prochaine. Il faut prendre cet objet de consolation, et ne plus penser, s'il est possible, à la petite Madame. Je l'ai vue aujourd'hui pour la première fois; je n'avois pu m'y résoudre jusqu'à ce moment. Elle est bien délicate, je ne sais si elle vivra.

Alexandrine se porte bien; je la ferai venir ici après-demain, et l'embrasserai une fois de plus pour son oncle que j'embrasse à mon tour de tout mon cœur.

Monsieur
Monsieur de Vandières,
à Rome.
R. ce 3o septembre,
Rome.

XVI

A Crécy, ce 28.

Je vous ai querellé injustement, mon cher frère, puisque j'ai reçu de vos nouvelles par M. de T (Tournehem); mais comme il n'étoit pas à Versailles, son paquet a fait plusieurs tours et ne m'est parvenu que le surlendemain. J'ai remis la lettre à M. de Richelieu. Vous savez sans doute combien M. de T. s'est conduit mal dans l'affaire du clergé; cela m'ôte la faculté de lui demander pour votre moine; je ne veux pas avoir d'obligation à quelqu'un dont on n'est pas content. Si par quelque autre personne c'étoit égal, mandez-le moi.

M. de Nivernois m'avoit inquiétée en me mandant que vous aviez un érysipèle, mais

M. de T (Tournehem) m'a apporté votre lettre qui m'a rassurée.

Je suis ici de retour depuis hier; nous avons eu avant-hier un feu charmant pour Madame la Dauphine, cependant peu considérable. Je repars d'ici, le 2, pour aller le 4 à Choisy, et le 7 à Fontainebleau. Vous ferez de plus longs voyages, et j'approuve fort votre arrangement.

Bonjour, mon cher bonhomme, je vous embrasse de tout mon cœur.

A Monsieur
Monsieur de Vandières,
à Rome.

R. ce 16 octobre,
Castel-Gandolfo.

XVII

Ce 2.

Il est bien vrai, mon cher bonhomme, que vous m'avez demandé des lettres de recommandation, mais il me semble que vous ne m'avez pas mandé pour qui, ni quand vous les vouliez. M. de L'Hôpital n'est, je crois, plus à Naples, mais au cas qu'il y soit, faites-lui mes complimens, dites-lui que je ne lui ai pas écrit pour vous recommander, parce que je l'ai cru en chemin pour revenir. Il n'a sûrement pas encore oublié que je l'ai fait premier écuyer de Mesdames, ainsi il vous recevra bien. Mandez-moi les autres lettres qu'il vous faut, et où je vous écrirai.

Le comte de Kaunitz, ambassadeur de l'Impératrice, a pris ses audiences aujourd'hui. On le dit aimable, il m'a paru très-poli.

Les nouvelles des Etats de Bretagne viennent d'arriver; ils ont accordé le don gratuit d'une voix unanime, chacun a parlé à merveille. Je crois que cette affaire donnera sur l'oreille à Messieurs du Languedoc et du Clergé.

Bonsoir, mon cher bonhomme, je vous embrasse de tout mon cœur.

<table>
<tr><td>A Monsieur
Monsieur de Vandières,
à Naples.</td><td>R. ce 14 novembre,
Naples.</td></tr>
</table>

XVIII

Ce 11.

Me voilà enfin arrivée à Fontainebleau, mon cher frère, et Mesdames de Fronterrault y arrivent aujourd'hui en huit.

Par ma dernière lettre vous aurez vu que j'approuve votre voyage ; vous aurez soin de m'instruire où il faudra que je vous écrive.

J'aime mieux avoir bientôt le portrait du Roy, et n'avoir que la teste, que de l'attendre deux ans ; ainsi donnez vos ordres en conséquence.

Le sieur de Voltaire étant devenu chambellan du roy de Prusse, n'a pu rester historiographe du roy de France ; en conséquence, j'ai demandé la place pour Duclos qui, comme vous savez, est le plus honnête homme du monde.

Bonsoir, mon cher bonhomme, je vous aime de tout mon cœur et vous embrasse de toutes mes forces.

A Monsieur
Monsieur de Vandières,
à Rome.

R. ce 8 novembre,
Naples.

XIX

Ce 19.

Les deux princes Borghèse m'ont été présentés hier, mon cher frère; je leur ai fait beaucoup de politesses, les ai remerciés de toutes celles que la princesse leur mère a eu pour vous, et prié de lui en marquer ma reconnoissance. Je crois qu'on ne peut mieux faire; ils ne savent pas un mot de françois, cela rend la conversation difficile, comme bien croyez.

Mesdames Sophie et Louise sont arrivées hier ici; le Roy a été au devant d'elles avec M. le Dauphin et Madame Victoire; j'ai eu l'honneur de la suivre. En vérité, rien n'est plus touchant que ces entrevues; la tendresse du Roy pour ses enfans est incroyable, et ils y répondent de tout leur cœur. Madame Sophie est presque aussi grande que moi, très-bonne, grasse, une belle gorge, bien faite, la peau belle, les yeux aussi, ressemblant au Roy de profil, comme deux gouttes d'eau ; en face, pas à beaucoup près autant, parce qu'elle a la bouche désagréable ; en tout, c'est une belle princesse. Madame Louise est grande comme rien, point formée, les traits plutôt mal que bien, avec cela une physionomie fine qui plaît beaucoup plus que si elle étoit belle. Nous avons tous été présentés aujourd'hui.

Mon père a été incommodé ; il s'est traité à sa façon, et malgré cela, il se porte mieux. C'est un corps bien étonnant.

Je ne sais dorénavant où vous adresser mes lettres ; apparemment vous me le manderez.

Je vous embrasse, mon cher bonhomme, de tout mon cœur.

A Monsieur
Monsieur de Vandières,
à Naples.
R. ce 8 novembre 1750,
Naples.

XX

18 1ᵉʳ 1751.

Je vous crois bien arrivé à Rome, mon cher frère, en ce moment. Nous arrivons de Choisy tout à l'heure. Il nous y est parvenu une nouvelle de Paris dont on ne pouvoit douter : c'étoit le mariage et publication de bans du marquis de Langeron que vous connoissez, avec une femme de chambre de Madame de Sens. Je lui ai écrit pour savoir la vérité. Le pauvre diable n'y a jamais songé et se désole de cette noirceur. En vérité, ils deviennent par trop faux, à Paris. Je ne les croyois que bêtes et méchans, mais cela est trop fort. Vous savez sans doute que Bellevue a baissé d'un pied, que toutes les glaces et cheminées sont en miettes, du feu que l'on y a fait, et depuis le tems que je l'ai vendu au Roy 800 mille livres. Ces faiseurs de nouvelles seroient bien attrapés s'ils savoient que je les méprise souverainement, et qu'ils ne me font pas la plus légère peine.

J'espère que vous avez reçu à présent un bon paquet de mes lettres ; en tout cas, si quelqu'un les a pris, mon deuil en est porté ; je ne suis fâchée que de l'inquiétude que vous en avez eue.

Je ne laisse pas d'en avoir de **M.** de **T** (Tournehem); son neveu veut lui donner une fille, pour faire partie carrée avec lui ; je crois qu'il seroit bientôt mort; il ne se porte pas bien, cela me fâche, je tâcherai d'y apporter remède.

Bonsoir, cher bonhomme, nous avons à Bellevue un brimborion de théâtre qui est charmant ; nous y jouons, pour la première fois, le 26 de ce mois ; ce ne sera que la comédie. Je vous aime et vous embrasse de tout mon cœur.

A Monsieur　　　　　　　R. ce 10 février,
Monsieur de Vandières,　　Rome.
à Rome.

XXI

Vous avez bien raison, mon cher bonhomme, les complimens du jour de l'an ne sont pas faits pour nous. Je suis persuadée que M. de T (Tournehem) vous accordera avec plaisir les étrennes que vous lui demandez pour votre petit Cochin.

Il faut que la lettre où je vous parlois des tableaux de Vernet ait été perdue. Nonseulement je vous disois combien ils avoient réussi, mais en même temps ce que le peintre désiroit les faire payer.

M. de T (Tournehem) est dans les plans jusqu'au cou pour l'Ecole royale militaire. Je vous envoie une demi-douzaine d'édits ; vous en donnerez à M. de Nivernois, s'il n'en a pas.

Bonsoir, cher frère, je vous embrasse de tout mon cœur.

R. ce 17 février,
Rome.

XXII

J'ai eu, il y a deux jours, mon cher bon-homme, un accès de fièvre, causé par une courbature. J'en suis quitte à présent, ainsi n'ayez nulle inquiétude de ma santé. Je ne suis pas contente de celle de M. de T (Tournehem), ce qui me fait une véritable peine.

Bonsoir, mon cher frère, je vous embrasse de tout mon cœur.

<table>
<tr><td>A Monsieur
Monsieur de Vandières,
à Rome.</td><td>R. ce 17 février 1751,
Rome.</td></tr>
</table>

XXIII

Ce 13.

Voici, mon cher frère, l'arrangement proposé à mon oncle pour vos affaires. Il vous remettra la moitié des profits de ce bail-ci, qui monteront, à ce que je sais très-certainement, à 350,000 l., et pour le bail prochain, il vous donnera 100,000 l., et se chargera de la pension de mon père. Au moyen de quoi vous n'aurez nulle discussion à l'avenir, et serez maître de placer, à fond perdu, les 450,000 l., ce qui vous vaudra 45,000 l. de rente. J'ai encore à vous proposer de vendre notre maison sur le Palais-Royal; la moitié qui vous en reviendra pourra encore faire masse avec les fonds des fermes.

J'imagine que vous nous rapporterez bien des indulgences et des chapelets.

A propos, vous ne m'avez pas mandé avoir vu le prince de Deux-Ponts à Rome. Son frère régnant est ici : il a soupé chez moi en arrivant, il est aimable.

Bonjour, cher frère, je vous embrasse.

<table>
<tr><td>A Monsieur
Monsieur de Vandières.</td><td>R. ce 28 mars,
Livourne.</td></tr>
</table>

XXIV

Ce 1er avril.

M. Berryer vous aura mandé, cher frère, l'arrangement avec M. de L. M. ; il sera conclu après Pâques, temps auquel il reviendra de la campagne. Vous aurez très-sûrement 350,000 l. du bail qui vient de finir ; j'ai demandé 100,000 l. pour que vous renonciez à vos droits, ainsi vous aurez 450,000 l. à placer en arrivant, sans compter la moitié de notre maison qui, je crois, sera vendue.

Les ordres sont donnés pour mon portrait à Marseille ; je le ferai placer ainsi que vous me le mandez.

Il y a sûrement du malentendu dans votre audience de congé, car M. de N (Nivernois), indépendament de l'intérêt qu'il a de ne rien faire qui me déplaise, me mande dans sa dernière lettre que vous êtes parti, que vous vous êtes conduit à merveille, et qu'il me prie de vous dire combien il est touché des politesses que vous lui avez faites.

Je suis ravie des bénédictions que le Saint-Père vous a données. Il me paroît que mon père a envie du chapelet, ainsi vous devez lui donner de préférence, je lui en fais le sacrifice sans peine. J'imagine que vous nous rapporterez quantité d'indulgences.

La pauvre Madame de Mailly est morte, j'en suis réellement fâchée ; elle étoit malheureuse, le Roy en est touché.

J'oubliois de vous demander des masques blancs de Venise ; ils coûtent 7 s. pièce, ainsi je crois que pour un louis j'en aurai à revendre.

Bonsoir, cher bonhomme, je vous embrasse de tout mon cœur.

R. ce 23 avril,
Bologne.

XXV

Ce 26 avril.

Je vous envoie, mon cher bonhomme, la lettre que vous me demandez pour M. de Chavigny. Je ne vous dirai qu'un mot, le courier étant prêt à partir. Nous avons fait hier à Bellevue la noce de Mademoiselle de Romanet avec le comte de Choiseul. M. de T (Tournehem) étoit très-content, et à raison. A propos de lui, il m'a montré votre dernière lettre. Ne vous inquiétez pas plus de ce que vous lui mandez que de tout le reste.

Bonsoir, cher bonhomme, je vous embrasse.

R. ce 15 mai,
Venise,

XXVI

A Marly, ce 20.

Je me suis bien gardée, mon cher bonhomme, de faire au Roy la demande dont vous me parlez pour vous; cette maison étant destinée aux Bâtimens, j'ai cru qu'il seroit de mauvaise grace de la demander pour votre personne, étant destinée pour votre place. J'ai même bien grondé M. de T (Tournehem) d'en avoir parlé au Roy. S. M. a fait un arrangement par lequel il cède à M. de La Vallière cette maison et plusieurs autres, et l'hôtel de La Vallière reste hôtel des Bâtimens. Il n'y a assurément pas de comparaison de l'une à l'autre.

Je ne connois point toutes les bonnes choses que vous m'envoyez de Bologne; je boirai à votre santé, en les mangeant.

J'ai un rhume assez fort qui m'a donné la fièvre vingt-quatre heures; il va un peu mieux. Je descends au salon ce soir, qui par parenthèse est diabolique pour les rhumes; il y fait un chaud énorme, et froid en sortant, aussi entend-on plus tousser qu'à Noël.

Je compte aller lundi à Crécy jusqu'à la veille de la Pentecôte, et y retourner le 4 jusqu'au 9. Je serai au désespoir s'il fait le temps d'aujourd'hui, c'est celui du mois de février le plus affreux.

Je vous fais accommoder un logement à Bellevue; je crois que vous l'occuperez au premier voyage, car il ne sera prêt qu'au mois d'août.

Mon père m'a envoyé une lettre de vous qui ne m'étonne pas, vous êtes très-sensé sur l'article dont il s'agit. Quand vous vous marierez, si cela est nécessaire, vous prendrez le nom de votre terre, comme tant d'autres; mais jusque là, je n'en sens pas la nécessité.

M. de T (Tournehem) attend, dit-on, votre retour pour se démettre; j'espère qu'il n'en est rien, mais si cela étoit, je l'empêcherois de tout mon pouvoir, d'abord pour lui qui en mourroit, après cela pour vous. Quoique vous ayez acquis des connoissances, vous n'avez pas vingt-cinq ans; si vous en pouvez gagner vingt-huit ou trente sur sa survivance, ce sera encore mieux.

Bonjour, cher frère, je vous embrasse bien tendrement; votre nièce qui est ici pour rétablir sa santé, vous embrasse de tout son cœur.

A Monsieur
Monsieur de Vandières,
à Venise.

R. ce 12 juin,
Venise.

XXVII

A Choisy, ce 21 juin.

Vous faites fort bien, mon cher bonhomme, puisque vous êtes en train, de voir tout ce qu'il y a de curieux sur votre route. Vous ne sauriez trop vous instruire pour mériter les bontés du Roy.

M. de T (Tournehem) est toujours enrhumé, sa santé m'inquiète, et encore plus son humeur qui est devenue d'un noir affreux. Faites-lui toujours bien des amitiés quand vous lui écrirez, il y est sensible ; cela ne vous coûtera, car vous l'aimez sûrement autant qu'il vous aime.

Alexandrine est ici ; je ne sais quand elle retournera à son couvent.

Madame Dornoy se meurt absolument de la

même maladie que votre pauvre mère ; c'est une perte affreuse pour ma fille.

Nous allons vendredi à Compiègne pour six semaines. Nous laissons là Madame la Dauphine en très-bonne santé, et un enfant très-remuant. Dieu veuille qu'il arrive à bien, et garçon. Je vous assure, et vous le croirez sans peine, que je sèche de ne voir que des filles. Celle que nous avons se porte bien à présent, mais elle nous auroit fait mourir, si c'eût été un garçon.

Bonsoir, cher frère, je vous aime et vous embrasse de tout mon cœur.

Je vous embrasse, mon cher petit oncle, de tout mon cœur.

ALEXANDRINE.

A Monsieur
Monsieur de Vandières.

R. ce 26 juillet,
Milan.

XXVIII

Vendredi 6.

On vous fera peut-être un monstre de la chute
que le Roy a fait hier. Ce n'est heureusement
rien : il s'est un peu écorché le bras, la teste, et
le fusil a fait contusion à la cuisse ; mais il n'y
a eu nul mal ni étourdissemens. Enfin, c'est
si peu de chose, que la Faculté n'a pas jugé à
propos de le saigner. Vous jugez bien que ma
teste n'est pas en bon état du saisissement que
j'ai eu. Bonsoir, bonhomme.

<table>
<tr><td>A Monsieur
Monsieur de Vandières.</td><td>R. ce 6 septembre,
Marseille.</td></tr>
</table>

XXIX

Le Roy continue à se bien porter, mon cher bonhomme, et ne se sent nullement de sa chute. Madame la Dauphine est d'une grosseur monstrueuse, mais se porte à merveille.

M. de T (Tournehem) est assez malade ; il me fait trembler, on l'a saigné deux fois hier ; il est cependant mieux aujourd'hui, la fièvre et le toussement sont bien diminués.

Bonjour, cher frère, je vous embrasse de tout mon cœur.

R. ce 6 septembre,
Marseille.

XXX

Ce 7 août 1751.

Il n'y a que deux jours que je vous ai écrit, mon bonhomme, mais j'avois si peur que l'effroi de Paris ne vous parvînt sans contre-poison, que je vous ai mandé bien vite l'état du Roy. Il se porte à merveille, il a chassé hier à cheval cinq heures, malgré ses meurtrissures. Les Parisiens en ont pensé devenir fous, et en vérité, je le crois bien, il seroit difficile de trouver dans l'univers un pareil maître.

Vous étiez en humeur critique, quand vous avez peint la maison de M. de T (Tournehem); elle est pourtant ressemblante, un peu en caricature. Il se porte à merveille à présent, de très-bonne humeur, très-content. Je l'ai fort assuré que vous ni moi ne souffririons jamais qu'il quittât. Cela lui a remis du baume dans le sang, et j'en suis ravie, car ce seroit une grande perte pour vous.

Nous partons après-demain, je verrai mercredi Bellevue, je suis comme un enfant, de joie de le revoir. Je verrai aussi Alexandrine qui y est depuis deux mois.

La pauvre Madame Dornoy étant infecte, j'ai été obligée de faire sortir ma fille de son appartement dont l'odeur étoit très-malsaine. Cette pauvre femme m'a écrit, il y a deux jours, pour me faire ses derniers adieux. J'en ai le cœur serré; je la crois morte à présent.

Vous n'irez donc pas en Languedoc; il n'y a, je crois, pas grand'chose à voir pour vous, et d'ailleurs, je serai bien aise de vous revoir plus tôt. Puisque vous ne faites pas ce voyage, le plus tôt sera le mieux.

Bonjour, cher frère, je vous aime et vous embrasse de tout mon cœur.

Je ne vous envoie pas la lettre qu'un homme de Marseille vous écrivoit à Paris, pour des

saucissons que vous m'envoyiez de Bologne.
On a arrangé le pourquoi il écrivoit.

<table>
<tr><td>A Monsieur
Monsieur de Vandières.</td><td>R. ce 6 septembre,
Marseille.</td></tr>
</table>

XXXI

23 juin 1752.

Monseigneur de Marcassin, écoutez-moi avec patience et raison. Vous avez écrit une lettre à M. de Choiseul dont il croit fermement le contenu, quoique M. Duverney lui ait dit tout le contraire. Deux points ont été traités au conseil. L'un, les poutres à remettre : à la bonne heure, vous y avez consenti ; l'autre, le château de Grenelle qu'ils redemandent pour y faire loger les enfans convalescens. Je trouve cela juste et raisonnable, 1°, parce que c'est l'Ecole qui l'a payé, qu'il lui appartient, et qu'en lui faisant louer une maison à Vaugirard ou au Gros-Caillou, les gens des Bâtimens seront convenablement et aussi près quand on recommencera les bâtimens, si tant y a qu'ils soient jamais finis; 2° c'est que nous n'entendrons plus parler de ce vieux fou qui nous rabâchera éternellement, jusqu'à ce que Dieu veuille avoir son âme, ce dont je doute, car ce doit être le Diable qui s'en empare quand elle sortira de son corps. Je crois donc qu'il faut leur rendre, pour ne plus en entendre parler.

Si vous avez des réflexions meilleures que les miennes, faites m'en part, afin que nous nous arrangions. J'ai dit à M. de Choiseul de me laisser traiter cette plate affaire avec vous; il en a d'une bien autre importance, et qui ne lui laissent pas le temps de respirer.

Gabriel m'a dit que vous désiriez changer Lemaire, et le mettre à Bellevue. Si ce changement vous est agréable, j'y consens; mais s'il vous est indifférent, je serai bien aise qu'il reste à La Muette. Le service du Roy n'en souffrira pas, car je vous promets qu'il ne découchera jamais, et qu'il n'ira à mes travaux que dans la journée. Mandez-moi aussi sur cela ce que vous pensez, avec la franchise qui vous est propre.

Bonsoir, Marcassinus, Marcassina, Marcassinum, je vous embrasse bien fort, tout Marcassin que vous êtes.

Mes folles vous embrassent.

LETTRES

DE

MADAME DE POMPADOUR

A

MADAME DE LUTZELBOURG

1747-1759

LETTRES

A MADAME DE LUTZELBOURG

I

A Choisy, ce 28 juillet 1747.

Assurément, ma chère grand'femme, j'ai été enchantée de la victoire que le Roy a remportée sur ses ennemis, et j'en reçois votre compliment avec satisfaction.

Ce n'est pas des nankins peints que je désire, mais si vous trouvez des gourgourans d'une couleur pour faire des rideaux de meuble, soit en jaune et blanc, cramoisi, vert ou bleu, cela est plus de résistance que le taffetas. Si vous

trouvez encore de ces basins, je ne serois pas
fâchée d'en avoir deux ou trois cens aunes pour
des lits de garde-robe.

Adieu, Madame, soyez persuadée que je vous
trouve fort aimable, et que je serai ravie de
vivre avec vous.

LA M^{ise} DE POMPADOUR.

II

Ce 26 mars 1748.

Il y a un siècle que je ne vous ai écrit, grand'
femme. Les spectacles, mille choses différentes
m'en ont empêchée.

Le malheur du pauvre Coigny nous a mis
au désespoir. Le Roy en a été à me faire peur.
Il a donné des marques de son bon cœur, dont
j'ai craint les suites pour sa santé. Heureuse-

ment, la raison a pris le dessus. Après avoir attendu longtemps Monsieur votre frère, je l'ai vu hier. Nous n'avions pu nous joindre. Il m'a donné un beau livre, et m'a promis de vous retirer sa maison, afin de vous forcer à revenir ici; vous jugez aisément que je lui en sais bon gré.

J'ai abandonné Tretou et ai acheté à la place La Celle, petit château près d'ici, assez joli.

J'ai besoin de mes basins; mandez-moi ce que je vous dois, car je n'en sais plus rien.

J'ai parlé à M. de Venelle; il m'a dit que, s'il lui étoit possible, il vous ôteroit le magasin.

La petite Madame vient de mourir des dents. M. le Dauphin s'en désole.

Bonsoir, grand'femme, vous connoissez mon amitié.

III

Ce 27 février (1749).

J'ai été désolée de la fausse-couche de Madame la Dauphine ; mais j'espère que cela se réparera bientôt. Le Roy se porte, grâce au ciel, à merveille, et moi aussi. Vous croyez que nous ne voyageons plus, vous vous trompez, nous sommes toujours en chemin : Choisy, La Muette, Petit château, et certain ermitage près la grille du Dragon, à Versailles, où je passe la moitié de ma vie. Il a huit toises de long sur cinq de large, et rien au-dessus, jugez de sa beauté ; mais j'y suis seule ou avec le Roy et peu de monde, ainsi j'y suis heureuse.

On vous aura mandé que c'est un palais, ainsi que Meudon qui aura neuf croisées de face sur sept ; mais c'est la mode à présent à Paris de déraisonner, et sur tous les points.

Bonjour, ma très-grand'femme, je ferai une chambre pour vous à Meudon, et je veux que vous me promettiez d'y venir.

IV

(1749).

J'espère et me flatte bien fort, grand'femme,
que mon silence n'a fait nulle impression sur
vous ; en tous cas vous seriez bien dans votre
tort. La vie que je mène est terrible, à peine
ais-je une minute à moi : répétitions et repré-
sentations, et deux fois la semaine voyages continuels tant au Petit château qu'à La Muette, etc.
Devoirs considérables et indispensables : Reine,
Dauphin, Dauphine gardant heureusement la
chaise longue, trois filles, deux infantes, jugez
s'il est possible de respirer ; plaignez-moi et ne
m'accusez pas.

V

Ce 29   1750.

L'accident de la petite La Faye est horrible, grand'femme, et je pense, comme vous, qu'il est impossible que votre fils l'épouse. On n'a jamais épousé les Petites-Maisons; ce seroit le cas, et quoique je la plaigne fort, c'est une chose impraticable.

Le Roy m'a donné le logement de Monsieur et Madame de Penthièvre, qui me sera très-commode. Ils passent dans celui de Madame la comtesse de Toulouse, qui en garde une petite partie pour venir voir le Roy les soirs. Ils sont tous très-contens, et moi aussi; c'est par conséquent une chose agréable. Je ne pourrai y être qu'après Fontainebleau, parce qu'il faut l'accommoder.

Je reçois votre compliment pour Madame la duchesse avec grande satisfaction. Il y a sûrement peu de personnes qui soient aussi aises que moi des espérances que nous avons.

Ce que l'on vous a mandé de moi est absolument faux.

Je vous ferai rembourser incessamment ce que je vous dois; j'ai ce qu'il me faut pour tous mes meubles de Bellevue, ainsi je n'ai plus besoin de perse, et vous en remercie, en vous embrassant, grand'femme, de tout mon cœur.

VI

Ce 3 janvier 1751.

Les enfans sont arrivés à bon port, grand' femme, et ont été envoyés tout de suite au Cabinet du Jardin du Roy. Je les trouve pas trop jolis à voir.

Vous jugez bien que j'ai été enchantée de recevoir le Roy à Bellevue. S. M. y a fait trois voyages; il doit y aller le 25 de ce mois. C'est un endroit délicieux pour la vue; la maison, quoique pas bien grande, est commode et charmante, sans nulle espèce de magnificence. Nous y jouerons quelques comédies. Les spectacles de Versailles n'ont pas recommencé. Le Roy veut diminuer sa dépense dans toutes les parties ; quoique celle-là soit peu considérable, le public croyant qu'elle l'est, j'ai voulu en ménager l'opinion, et montrer l'exemple. Je souhaite que les autres pensent de même.

Je vous crois bien contente de l'édit que le Roy a donné pour anoblir les militaires. Vous le serez bien davantage de celui qui va paroître pour l'établissement de cinq cens gentilshommes que S. M. fera élever dans l'art militaire. Cette école royale sera bâtie auprès des Invalides. Cet établissement est d'autant plus beau, que S. M. y travaille depuis un an, et que ses ministres n'y ont eu nulle part, et ne l'ont su que lorsqu'il a eu arrangé tout à sa fantaisie, ce qui a été à la fin du voyage de Fontainebleau. Je vous enverrai l'édit d'abord qu'il sera imprimé.

Ce que vous désirez pour votre fils ne me paroît pas possible. J'ai consulté des gens instruits qui m'ont dit que les officiers des gardes regarderoient cela comme un vol que je leur ferois, que d'ailleurs les 12,000 livres d'augmentation seroient sûrement ôtées ; ainsi 2,000 livres ne feroient pas grand bien à votre fils, et en feront beaucoup à un exempt. Cherchez quelque autre chose que je puisse obtenir, je m'y porterai avec toute l'amitié que vous me connoissez pour vous.

VII

Ce 1er avril 1751.

Il est vrai, grand'femme, qu'il y a bien longtemps que je ne vous ai écrit. Nous avons été toujours courant avant le carême, et depuis la paresse m'a pris. Sachez-moi gré d'y renoncer pour vous.

Je ne doute pas que vous n'ayez été fort aise de Madame de Chevreuse. C'est une très-bonne femme et de mes amies depuis que je suis au monde.

La mort de Madame de Mailly a fait de la peine au Roy; j'en suis fâchée aussi, je l'ai toujours plaint, elle étoit malheureuse. Elle fait le petit Vintimille son légataire.

Nous avons ici depuis trois semaines le duc de Deux-Ponts; il est on ne peut plus aimable.

Bonsoir, grand'femme, je vous aime bien véritablement.

Ne m'envoyez pas l'oraison funèbre du maréchal de Saxe; je ne puis penser à sa mort sans douleur.

VIII

A Choisy, 29 septembre 1751.

Vous pouvez juger de ma joie, grand'femme, par mon attachement pour le Roy; j'en ai été si saisie que je me suis évanouie dans l'antichambre de Madame la duchesse. Heureusement on m'a poussée derrière un rideau, et je n'ai eu de témoins que Madame de Villars et Madame d'Estrades. Madame la Dauphine se porte à ravir, M. le duc de Bourgogne aussi ; je l'ai vu hier : il a les yeux de son grand-père, ce n'est pas maladroit à lui.

Je vais lundi à Crécy pour cinq jours, tout de suite à Fontainebleau ; je marie les filles dans mes villages, j'en donne le divertissement au Roy. Ils viennent le lendemain manger et danser dans la cour du château. Ceux que le Roy a ordonnés à Paris sont dignes de sa bonté ; mais en province ils feront encore plus de bien.

Bonsoir, grand'femme ; en voilà long pour être éternellement sur les grands chemins, car réellement nous y sommes.

IX

5 décembre 1751.

Je ne sens que trop, grand'femme, quel est le malheur d'avoir une âme sensible : ma santé a été un peu dérangée de la mort de M. de Tournehem. Je me porte un peu mieux depuis quatre jours.

La Sauvé n'est autre chose qu'une folle qui s'est imaginé qu'en mettant un paquet effrayant dans le lit de M. le duc de Bourgogne, elle auroit l'air, en avertissant, de lui avoir sauvé la vie, et que sa fortune et celle de sa famille seroit faite. Nota qu'il n'y avoit dans le paquet que de quoi brûler le drap, encore si l'on avoit mis le feu dessus, et impossibilité de faire aucun mal à l'enfant. Son prétendu empoisonnement en est une suite. Ce qu'elle avoit pris et vomi est prouvé du tain de derrière une glace. Elle est à la Bastille, où elle restera jusqu'à ce qu'elle dise ses motifs ; mais il n'y a pas eu la plus légère inquiétude pour le prince, il se porte à ravir.

Nous sommes si souvent sur les chemins, que je ne vas plus à la chasse depuis trois ans. Il faut bien se donner le temps de penser.

Bonsoir, grand'femme, je vous aime bien véritablement.

X

18 septembre 1756.

Qui appelez-vous le *Salomon du Nord,* grand'femme ? dites le *tyran,* et vous aurez raison.

Je vous remercie de la petite carte; on m'a dit qu'on trouveroit à Strasbourg celle de toute l'Allemagne, pareille à celle que vous m'avez envoyée. Je voudrois fort en avoir trois exemplaires; bien entendu que je les paierai.

Mon accès de fièvre n'a pas eu de suites, et

je me porte aussi bien qu'il est possible avec ma pauvre oreillette.

Bonsoir, grand'femme, je vous embrasse de tout mon cœur.

XI

29 mai 1757.

J'ai vu Madame de Crevecœur aujourd'hui, grand'femme. Je crois qu'elle ne vous dira pas de mal de moi.

Je hais à mort vos Luthériens d'aimer le roi de Prusse, et si j'étois à Strasbourg, je me battrois toute la journée.

Envoyez-moi vite la robe, puisque vous la trouvez belle, j'ai des projets de broderie à y ajouter; envoyez-la à Janel par le premier courrier.

Bonsoir, grand'femme, je vous aime de tout mon cœur.

XII

1ᵉʳ septembre 1757.

Ma santé n'est pas trop bonne depuis quinze jours, grand'femme; la crise où nous sommes par le Parlement m'a fait un mal aux nerfs effroyable. Je ne vois que des fous et de mauvais citoyens. C'est assez vous ennuyer de mes peines, parlons de votre fils.

M. de Moras a assuré (avant de quitter le contrôle-général), à lui et à sa future femme, dix-huit mille livres de rente sur la première place de fermier des postes vacante. Il faudra peut-être attendre quelques années, peut-être aussi en jouiront-ils bientôt. Je souhaite tout ce qui peut faire plaisir à la grand'femme, et lui être preuve de mon amitié.

XIII

28 novembre 1757.

Mon Bouillon n'est plus malheureux, ma pauvre comtesse, mais en revanche, M. de Sou-bise l'est au dernier excès : vous connoissez mon amitié pour lui, jugez de ma douleur des énormes injustices qu'on lui a faites à Paris, car pour à son armée, il y est admiré et aimé comme il le mérite. Madame la Dauphine est dans sa grande affliction de la mort de la reine sa mère, c'est une des victimes du roi de Prusse. Pourquoi la Providence lui laisse-t-elle le pouvoir de faire tant d'infortunés? J'en suis au désespoir.

Bonsoir, ma grand'comtesse, je ne veux pas vous entretenir plus longtemps des chagrins que vous partagez par l'amitié que vous avez pour moi, et que je vous rends bien.

XIV

(1758)

J'ai reçu vos lettres, grand'femme, et celles de votre fils ; elles m'ont fait grand'plaisir. Je lui cherche toujours une moitié, et je voudrois bien que l'hiver ne se passât pas sans l'avoir mis en ménage.

Je vous remercie de vos étoffes, je suis dans la réforme, et d'une sagesse qui me surprend moi-même. J'ai vendu mon nœud de diamans pour payer des dettes; cela n'est-il pas beau ? Vous allez dire que je suis comme Cicéron qui n'avoit pas besoin des autres pour être loué ; je vous dirai pourtant avec franchise que je ne le mérite pas, car ce sacrifice m'a peu coûté.

Bonsoir, grand'femme, je vous embrasse de tout mon cœur.

XV

6 mai 1759.

L'arrangement utile qui vient d'être fait pour le service du Roy, grand'femme, prive votre fils d'un revenu honnête, mais S. M. en même temps, lui donne une gratification pour attendre d'autres graces; c'est une marque de bonté très-flatteuse.

Le Maréchal ne peut faire ce que vous désirez pour votre neveu. A l'égard de vos eaux, il m'a assuré que vous les auriez sans qu'il vous en coûtât rien.

Vos lottes avoient la meilleure mine du monde; je n'en ai pas mangé parce que je fais gras, à cause du lait d'ânesse que je prends depuis quatre mois.

La bataille m'a fait un grand plaisir. M. de Soubise avoit si bien placé ses quartiers et choisi un si bon champ de bataille à Berghen, que nous ne pouvions être battus. Mon seul regret est qu'il n'y ait pas été, et que le Roy l'ait retenu auprès de sa personne.

Ne vous tourmentez pas du voyage de Lyon, il n'y a nul risque pour moi. Si la confiance dont le Roy m'honore n'étoit pas à l'abri de quinze jours d'absence, elle seroit bien mal établie, et je ne pourrois en être flattée. J'irai pendant ce temps me reposer dans mon *écurie de Saint-Ouen*.

Vous n'aurez pas encore ce portrait de quelque temps ; Vanloo l'habille pour le salon de la Saint-Louis, et ce n'est pas une petite affaire.

Bonsoir, grand'femme, je vous embrasse de tout mon cœur.

LETTRES

DE

MADAME DE POMPADOUR

A

PARIS DUVERNEY

1750-1755

LETTRES

A PARIS DUVERNEY

I

4 avril 1750.

J'ai demandé au petit Saint, mon cher Nigaud, les papiers concernant l'établissement des
gentilshommes ; il m'a dit qu'il étoit sûr de les
avoir rendus au grand Paris ; que malgré cela,
il les avoit fait chercher et ne les avoit pas trouvés. Mandez-moi s'il faut les demander à Montmartel, car j'imagine que c'est lui qui les a.

Le Roy a très-grande envie d'effectuer le
projet ; il veut auparavant savoir ce qu'il faut

16

de fonds pour cette maison, afin qu'elle ne puisse jamais être défaite, et S. M. ne veut pas de fonds extraordinaires pour le bâtiment, comptant que cela sera pris sur le revenu, attendu que le nombre d'écoliers ne sera rempli que dans dix ans.

Arrangez-vous en conséquence, cher Nigaud, et soyez bien sûr de ma tendre amitié pour vous.

Monsieur
Monsieur Paris Duverney,
à Plaisance.

RÉPONSE.

A Plaisance, le 5 avril 1750.

Madame,

M. de Saint-Florentin me dit l'année passée qu'il croyoit avoir les mémoires en question ;

mais puisqu'il ne les a pas retrouvés, ayez la bonté de les demander à mon frère, de même que les plans des bâtimens qui avoient été faits par un de mes parens. Le tout me seroit fort nécessaire. Si cependant l'on ne retrouvoit pas ces papiers et ces plans, je ferais en sorte d'y suppléer, mais ce sera un ouvrage un peu long, parce qu'il y a bien des connoissances à acquérir, et dont je suis actuellement occupé.

Il sera facile de se conformer à ce que désire Sa Majesté pour éviter d'avoir recours à des fonds extraordinaires pour les bâtimens. L'idée que je me suis faite, Madame, d'un aussi grand monument pour la gloire du Roy, et des avantages qui en résulteroient, excite en moi le plus vif désir de le voir accompli.

Je vous supplie, Madame, d'être persuadée du plus inviolable attachement comme du respect avec lequel j'ai l'honneur d'être, Madame, votre.....

II

Versailles, 18 septembre 1750.

M. d'Aucourt qui, comme vous le savez, mon cher grand Nigaud, a épousé Mlle de Malvoisin l'aînée, m'a demandé ce qui est contenu dans le mémoire ci-joint. M. d'Argenson m'a dit qu'il vous en laissoit le maître. Ainsi je compte que vous me ferez ce plaisir, si cela est possible sans faire tort à personne.

Nous avons été avant-hier à Saint-Cyr. Je ne peux vous dire combien j'ai été attendrie de cet établissement, ainsi que tout ce qui étoit. Ils sont tous venus me dire qu'il faudroit en faire un pareil pour les hommes. Cela m'a donné envie de rire, car ils croiront, quand notre affaire sera sue, que c'est eux qui ont donné l'idée.

Je vous embrasse de tout mon cœur, mon cher Nigaud.

Monsieur
Monsieur Paris Duverney,
à Mont-Saint-Père.

RÉPONSE.

Mont-Saint-Père, le 23 septembre 1750.

Madame,

J'ai reçu la lettre que vous avez eu la bonté de m'écrire le 18, accompagnée du petit mémoire de M. d'Aucourt. Il a pu vous dire, Madame, que dans toutes les occasions qui ont dépendu de moi, j'ai fait ce qu'il a désiré. Ce ne sera qu'au commencement du mois de novembre, à Fontainebleau, où je me rendrai, que le ministre décidera l'affaire dont il est question, et je vous rendrai compte, Madame, de ce qui sera à ma connoissance, pour exécuter ensuite vos volontés en ce qui dépendra de moi.

La visite que vous avez faite, Madame, à Saint-Cyr a attendri votre cœur. Si vous pouviez, par comparaison, réunir dans une parfaite connoissance en quoi consiste, à tous égards, la différence de la proposition que j'ai faite, je me persuade que vous accorderiez une protection éclatante à un établissement qui, en honorant notre monarque, produiroit dans les cœurs, en général, ce que le vôtre a senti dans la seule visite d'un couvent, puisque l'utilité d'un pareil objet peut devenir un des plus sûrs moyens de maintenir la tranquillité, ou de soutenir tous les efforts que l'on pourroit faire pour diminuer la gloire de notre grand Roy.

. Mais, à cette occasion, permettez-moi, Madame, de vous rappeler ce que j'ai eu l'honneur de vous dire à ma dernière conversation, d'après les premières intentions de S. M., qui consistoient à vouloir que l'établissement fût solide, et à ne point faire de fonds pour les bâtimens. Saint-Cyr est devenu solide par sa dotation ; l'Hôtel royal des Invalides a acquis la solidité par la même raison; les moyens que j'ai proposés sont selon moi les seuls qui puissent produire le même effet. Cependant on y a trouvé de la difficulté, on veut déterminer une somme fixe, dans la crainte que la ferme des cartes ne produise au delà du nécessaire. Ce que j'ai entrevu de ces dispositions m'a déterminé à faire un mémoire dont j'eus l'honneur de vous parler. Je l'ai lu à M. d'Argenson qui ne l'a pas désapprouvé, mais comme il est relatif à la ferme des cartes, c'est un fait qui doit être discuté avec M. le contrôleur général, dont les occupations ne m'ont pas permis de lui en rendre compte. Il a eu agréable de m'écrire qu'il me donneroit tout le temps nécessaire à Fontainebleau. Je dois vous avouer, Madame, que comme je combats avec force l'idée que l'on a donnée au Roy sur le produit de la ferme des cartes, et sur les moyens d'y parvenir, je crains que cela ne m'occasionne quelque tracasserie, et après tout ce que j'ai éprouvé dans le cours de ma vie, on ne doit pas blâmer ma timidité. Cependant, comme on ne doit point trouver mauvais que l'on aie une opinion, je me flatte que M. le contrôleur général sera au moins content de ce que je ne veux contredire sa pensée que vis à vis de lui-même.

Vous avez bien voulu me confier, Madame, que l'intention du Roy étoit de consulter sur cette affaire, avant que de prendre la dernière résolution. J'eus l'honneur de vous dire que c'étoit tout ce que je pouvois désirer; mais que, pour mettre les personnes qui seroient consultées en état de prendre une opinion, il étoit absolument nécessaire qu'elles fussent instruites. L'idée seule d'un objet qui n'est pas développée dans toutes ses parties, ne sauroit frapper les esprits; la discussion des moyens pour l'exécution d'un aussi grand projet exige aussi un sérieux examen.....

J'ai l'honneur d'être, avec autant de respect que d'attachement, Madame, votre.....

III

Fontainbleau, 10 novembre 1750.

Je vous envoie, mon cher Nigaud, un paquet que je reçois de l'abbé de Bernis pour vous. C'est sûrement pour le sieur Pluyette qu'il vous a écrit, car il m'en a écrit fort au long. Vous m'avez dit que s'il offroit le même prix il auroit la préférence; c'est précisement ce que je vous demande (malgré ma répugnance) car je n'ai encore pu faire de bien à l'abbé, c'est le seul de mes amis qui soit dans le cas. Bien entendu qu'on ne l'aura pas que je vous aie parlé.

J'ai été dans l'enchantement de voir le Roy entrer dans le détail tantôt; je brûle de voir la chose publique, parce qu'après il ne sera plus possible de la rompre. Je compte sur votre éloquence pour séduire M. de Machault, quoique je le croie trop attaché au Roy pour s'opposer à sa gloire. Enfin, mon cher Duverney, je compte sur votre vigilance pour que l'univers en soit bientôt instruit.

Vous viendrez me voir jeudi, à ce que j'espère; je n'ai pas besoin de vous dire que j'en serai ravie, et que je vous aime de tout mon cœur.

IV

Versailles, 1er décembre 1750.

J'imagine que vous avez l'édit sur les Invalides et celui de Saint-Cyr; si vous ne les avez pas, envoyez-les vite chercher. Le Roy veut les voir.

17

M. de Machault vous attendra demain à 9 h. et demie.

Je vous embrasse.

ç

V

Le 15 août 1755.

Non assurément, mon cher Nigaud, je ne laisserai pas périr au port un établissement qui doit immortaliser le Roy, rendre heureuse sa noblesse, et faire connoître à la postérité mon attachement pour l'État, et pour la personne de S. M. J'ai dit à Gabriel aujourd'hui de s'arranger pour remettre à Grenelle les ouvriers nécessaires pour finir la besogne. Mon revenu de cette année ne m'est pas encore rentré, je l'emploirai en entier pour payer les quinzaines des journaliers. J'ignore si je trouverai mes sûretés pour le paiement, mais je sais très-bien que je risquerai, avec grande satisfaction, cent

mille livres pour le bonheur de ces pauvres
enfans.

Bonsoir, cher Nigaud, si vous êtes en état
de venir à Paris mardi, je vous y verrai avec
grand plaisir. Si vous ne le pouvez pas, envoyez-moi votre neveu sur les six heures.

LETTRES

DE

MADAME DE POMPADOUR

AU

DUC D'AIGUILLON

1758-1761

LETTRES

AU DUC D'AIGUILLON

I

6 septembre 1758.

J'ai reçu, Monsieur, votre grande lettre où je vois, au milieu de choses fort honnêtes pour moi, cette petite tête (que vous savez) malade, et que j'aurai bien de la peine à traiter. Enfin, je la prendrai volontiers, parce que je crois qu'elle le mérite, malgré tous ses défauts.

Je ne suis pas inquiète de ce moment où les ennemis sont devant vous ; je rends justice à votre zèle, et ne doute pas de vos succès. Je vous assure que je les désire de tout mon cœur, et pour le bien de la chose, et par l'intérêt très-sincère que je prends à vous. Soyez-en, je vous prie, Monsieur, bien convaincu.

M. de La Châtre ne rendra sûrement pas Saint-Malo.

A Monsieur
Monsieur le duc d'Aiguillon.

II

25 au soir.

Vous jugerez, Monsieur, par la réponse de M. Boulogne que je joins ici, que la lettre que je lui ai écrite hier l'a déterminé à vous envoyer le sieur Dumesnil ; je ne le connois pas, mais on en dit beaucoup de bien, et il a été élevé chez M. de Saint-Florentin qui vous instruira davantage de ce qu'il vaut.

La lettre de M. Berryer vous fera voir qu'il désire autant que nous la réussite de notre affaire; je crains bien qu'elle ne manque faute d'argent, le contrôleur ne m'a pas répondu à cet article de ma lettre. Je ne puis croire que M. de La Bollière (?) ne puisse trouver un million dans tant de villes commerçantes.

Vous avez raison, Monsieur, il est très-vrai que mon esprit et mon cœur sont continuellement occupés des affaires du Roy; mais sans l'attachement inexprimable que j'ai pour sa gloire et sa personne, je serois souvent rebutée des obstacles continuels qui se rencontrent à faire le bien. J'aurois préféré la grande niche, et je suis fâchée d'être obligée de me contenter de la petite; elle ne convient pas du tout à mon humeur.

Mandez-moi la grâce que vous désirez pour M. de Pontval, je m'engage à la solliciter.

Vos projets m'ont paru excellens, et il m'a semblé que le maréchal pensoit comme moi.

Vous voulez donc absolument que je compte sur votre cœur? Mais vraiment je ne me ferai pas une grande violence pour désirer que vous soyez capable d'une amitié digne de celle que je suis très-disposée à avoir pour vous.

Bonsoir, M. *Cavendish.*

J'ai encore eu la fièvre la semaine dernière,
et je reviens bien lentement.

꙳

III

Les vilains ne vous attendront pas, Monsieur, j'en meurs de peur, car je suis sûre que
vous les rosseriez magnifiquement.

Vos lettres font plaisir à lire; on y reconnoît
le citoyen, le sujet zélé et éclairé, et une petite
tête très-bonne dans ce moment, et dont je dis
tous les biens du monde parce que je les pense.

Bonsoir, Monsieur.

A Monsieur
Monsieur le duc d'Aiguillon.

꙳

IV

Recevez, Madame, tous mes complimens sur le brillant succès de M. d'Aiguillon. Personne n'y prend une part plus vive et plus sincère. Vous m'avez pardonné, à ce que j'espère, de n'avoir pas cédé à ses instances, il y a un mois. Je m'en félicite pour le bien de la chose et pour sa gloire.

J'ai l'honneur d'être, Madame, votre très-humble et très-obéissante servante.

A Madame
Madame la duchesse d'Aiguillon,
   Paris.

V

Mardi 19.

C'est avec bien du regret, Monsieur, que je ne vous ai pas dit tout ce que je pensois avant-hier sur la gloire dont vous venez de vous couvrir, mais ma tête étoit si douloureuse, que je n'eus de force que pour vous dire un mot.

Nous avons chanté aujourd'hui votre *Te Deum*, et je vous assure que ç'a été avec la plus grande satisfaction. J'avois prédit vos succès, et en effet comment étoit-il possible qu'avec autant de zèle, d'intelligence, une tête aussi froide, et des troupes qui brûloient (ainsi que leur chef) de venger le Roy, vous ne fussiez pas vainqueur? Cela ne se pouvoit pas. Un petit billet que je vous ai écrit, avant votre brillante journée, a du vous faire connoître ma façon de penser pour vous, et la justice dont je fais profession. Dites-moi, je vous prie, actuellement, si vous êtes bien fâché contre moi de n'avoir pas cédé à vos instances et aux belles raisons

que vous m'avez conté ? Elles ne valoient rien
dans ce temps, et je les trouverois encore plus
détestables aujourd'hui. Un autre n'auroit pas
fait aussi bien que vous, je serois dans la douleur au lieu d'être dans la joie, vous vous seriez
perdu, et il y auroit bien de quoi. Osez dire
maintenant que ma tête ne vaut pas mieux que
la vôtre, je vous en défie.

Messieurs de Broc et d'Aubigny vous pourront répondre de l'intérêt que je prends au général et à ses troupes.

VI

21.

Assurément, Monsieur, vos lieutenans sont
dignes de leur chef, et pour qu'ils le soient toujours, il faut qu'il leur reste jusqu'à la paix. Je
suis têtue pour le service du Roy, et je n'en
rabattrai rien, vous le savez; n'en parlons plus.

Parlons du vainqueur de Saint-Cast, de la
façon brillante dont M. de Sainte-Croix l'a
imité, et dont il l'imitera encore, car on dit que
ces messieurs les mylords en veulent retâter.
Je désire de toute mon âme que ce soit au même
prix. J'aurois un nouveau compliment à vous
faire, et un à recevoir de vous, l'un et l'autre
me plairoit infiniment.

A Monsieur
Monsieur le duc d'Aiguillon,
à

VII

6 février 1759.

Vous êtes, en vérité, très-aimable de trouver
des ressources pour notre affaire. Je me flatte
de la réussite, malgré tous les inconvéniens,
parce que je compte sur la fortune de *Caven-*

dish. Je voudrois qu'elle s'étendît jusqu'aux quarante millions qui nous sont bien nécessaires. Je vous confie (et j'ai lu la lettre) que La Bollière a mandé au contrôleur général que ses correspondans de Paris l'avertissoient que l'on ne mettroit pas à cet emprunt. Il faut que vous soyez informé de ce fait, mais ne le paroissez pas.

J'ai beau me ménager, ma santé est toujours misérable, j'ai encore eu cette nuit un mouvement de fièvre. Je vois avec plaisir l'intérêt que vous y prenez ; si l'amitié suit cet intérêt, je serai bien tentée de vous accorder la mienne, car j'ai très-bonne opinion de **M.** *Cavendish.*

A Monsieur
Monsieur le duc d'Aiguillon.

VIII

3 mai 1759.

Ce n'est pas une petite affaire dont il est question aujourd'hui, Monsieur ; je vous y souhaite et espère autant de bonheur qu'avec MM. de Saint-Cast. Vous en serez bien persuadé si vous rendez justice à la bonne opinion que j'ai de vous et au bien que je vous désire.

A Monsieur
Monsieur le duc d'Aiguillon.

IX

14 octobre 1759.

Enfin, Monsieur, ma très-douloureuse maladie vous tire de votre léthargie; ce n'est assu-

rément pas ma faute si vous y étiez resté, car je vous avois dit tout ce qu'il falloit pour vous en faire sortir. Je me porte très-bien, après avoir cruellement souffert.

J'ai vu M. Orry; il m'a paru très-sensé, et m'a donné de l'espérance sur notre projet. Celui que va exécuter la marine est grand, et je doute qu'il sorte du *maréchal de C (Coigny ?)*. J'en soupçonne plutôt vous, et M. de Beauvau. J'attends le succès avec une impatience mêlée de beaucoup de crainte.

Je dirai peut-être encore du mal de vôtre tête, mais je n'en ai jamais pensé de votre cœur; je le crois très-honnête; je suis persuadée qu'en le connoissant davantage vous y gagnerez infiniment, et que j'aurai pour vous, Monsieur, l'amitié que vous désirez.

A Monsieur
Monsieur le duc d'Aiguillon,
à Vannes.

X

8 au soir 1760.

Vous allez convenir tout à l'heure, Monsieur, que je suis bien insupportable d'avoir toujours raison. Comment donc, j'ai osé vous dire qu'avec les meilleures et les plus grandes qualités, vous aviez une petite tête qui s'échauffoit trop vite, et vous me le prouvez dans ce moment encore; en vérité, je suis odieuse, et je ne conçois pas comment vous avez la bonté de me répondre, après un pareil tort. Vous vous fâchez sur une décision qui n'a pas été expliquée, et qui l'étant, est précisément ce que vous voulez; demandez-le au maréchal à qui M. Berryer l'a dit en ma présence. Vous voulez quitter la Bretagne, belle folie qui vous passe par la tête; je ne vous la passerai pas plus que la première que vous avez eu sur le même sujet. Souvenez-vous bien que si vous aviez suivi votre premier mouvement, vous ne seriez pas *Cavendish*.

Vous avez de l'humeur; dites-moi qui n'en
auroit pas, s'il s'y laissoit aller? Ah, fi! je
rougis pour vous de vous voir moins de courage que moi. Vous avez les désagrémens de
votre petit commandement, et moi ceux de
toutes les administrations, puisqu'il n'est point
de ministre qui ne vienne me conter ses chagrins. Qu'il ne soit plus question des vôtres, je
vous prie; je veux pouvoir donner mon amitié
à M. *Cavendish* sans restriction, et que si son
âme m'en paroît digne, sa tête le soit aussi. Je
verrai par votre conduite jusqu'à quel point
vous en faites cas.

A Monsieur
Monsieur le duc d'Aiguillon,
à Saint-Brieuc.

XI

28 juin 1760.

Vous ne pouvez vous persuader, Monsieur, que les Anglais en veuillent à Brest; moi je désire plutôt qu'ils s'acharnent à votre commandement, parce que je suis bien sûre que vous les feriez repentir de leur audace. Vous n'avez pas oublié que j'ai été bon prophète il y a deux ans; ainsi je vous prie d'avoir confiance en moi, s'ils se présentent.

Tout ce que vous me dites des âmes des Bretons n'est rien en comparaison de celles de ce monstrueux pays-ci, et je pense absolument pour Menars comme vous pour Verets. Dieu veuille que mes châteaux à cet égard ne soient bientôt plus en Espagne, et quoique je ne me propose pas de vivre avec mon voisinage, vous serez excepté de la loi générale. Vous voyez que je ne vous cède en rien pour l'horreur de ce monde.

A Monsieur
le duc d'Aiguillon.

XII

14 septembre 1760.

Je vous fais mon compliment, Monsieur, et je reçois le vôtre, sur le zèle dont les Bretons viennent de donner au Roy une nouvelle preuve. Je désire bien vivement que l'assemblée finisse comme elle a commencé, et (malgré votre petit accès de colère contre le contrôleur) vous devez convenir que vous l'avez retrouvé très-raisonnable. Je vous prédis que les États finiront à merveille, que vous y aurez (selon votre coutume) très-bien servi le Roy. Quand tout sera fini, je vous demanderai très-humblement pardon d'avoir toujours raison avec vous. C'est un grand tort, mais comme il est fondé sur la bonne opinion que j'ai de votre zèle pour le service du Roy, et des talens qui vous font réussir, j'espère, Monsieur, que vous me pardonnerez.

Monsieur
Monsieur le duc d'Aiguillon.

XIII

10 septembre 1760.

Vous avez bien raison, Monsieur, de ne pas parler de sang-froid des parlementaires; je pense comme vous absolument, et le projet d'arrangement de M. de Choiseul, adopté par le conseil, m'a fait le plus grand plaisir, parce qu'il nous donne les moyens de nous passer de ces indignes citoyens, qui abusent des besoins de l'État pour faire faire à leur maître des actes de foiblesse. Ils feront tout le tapage qu'il leur plaira, nous les laisserons faire.

Vous n'en êtes pas encore à votre *nunc dimittis*. Il ne faut pas songer à quitter pendant la guerre ces fols de Bretons. Cherchez cependant qui pourra vous remplacer, car je n'ai personne en vue, et l'on ne veut point M. de Lorges; il est trop procureur, trop avare, et n'a pas l'âme assez noble pour représenter en chef dans une grande province. Voilà l'avis du conseil qui ne m'a été rendu qu'hier par votre petit

oncle ; vous voyez que je ne vous fais pas attendre ma réponse.

Je ne sais si votre tête ressemblera à celle du
procureur de Guingamp; mais ce que je sais
très-bien, c'est que vous étiez apparemment de
très-méchante humeur quand vous avez reçu
ma lettre, puis qu'une plaisanterie vous fait
monter sur vos grands chevaux.

Je ne veux pas en faire autant, et je me
borne, Monsieur, à vous souhaiter le bon soir,
une parfaite santé, une heureuse fin d'année
accompagnée de plusieurs autres, etc., etc.

A Monsieur
Monsieur le duc d'Aiguillon,
à Nantes.

XIV

26 décembre 1760.

Les uns disent que vous revenez, Monsieur, d'autres que vous ne revenez pas, et que vous aurez le temps de recevoir cette réponse. Je l'envoie donc très-vite, car vous pourriez bien sans cela me pouiller comme vous avez fait et voulez faire encore le pauvre contrôleur (Orry). Or, comme je ne suis pas si douce que lui, il s'en suivroit que nous nous battrions, et que j'aurois peut-être la tête cassée. Pour éviter un pareil accident, je vous félicite de n'être ni maître des requêtes ni financier, et je vous souhaite, Monsieur, une heureuse année accompagnée de plusieurs autres, etc.

A Monsieur
Monsieur le duc d'Aiguillon,
à Nantes.

XV

24 septembre 1761.

M. de Fitz James avoit remercié du commandement du Languedoc, Monsieur le duc, quand
j'ai reçu votre lettre. Mais quelque soit l'intérêt
que MM. de Choiseul, de Saint-Florentin et
moi prenions à vous, nous n'aurions jamais
pensé au Languedoc, votre état étant assuré
d'une façon très-solide et fort propre à remettre
votre santé délabrée. Il faudra bien vous dé-
barrasser de votre Bretagne, si elle vous cha-
grine trop, car assurément nous ne vous vou-
lons pas de mal. Bonsoir, Monsieur le duc.

A Monsieur
Monsieur le duc d'Aiguillon,
Bretagne.

XVI

.20 août.

Le zèle et les talens avec lesquels vous avez servi le roi en Bretagne, Monsieur, m'ont fait prendre à vous l'intérêt le plus véritable, et je vous en ai donné des preuves avec plaisir, quand les occasions s'en sont présentées. Ce même intérêt exige de moi de vous gronder fortement sur la lettre que vous m'écrivez.

Qu'est devenu le zèle dont vous avez donné des marques il n'y a pas encore trois mois ? Comment est-il possible qu'un moment de dégoût vous le fasse oublier ? C'est aux âmes communes à qui il convient d'envoyer leurs démissions pour un désagrément, mais celle de M. d'Aiguillon doit être au dessus de pareilles misères, et n'avoir pour but que l'utilité dont il peut être à son maître. Vous donnez à votre mauvaise cause la meilleure tournure qu'il vous est possible ; ne me croyez pas assez dupe, je vous prie, pour l'adopter. Sondez votre conscience, et vous y trouverez tout ce que je vous dis.

M. de Saint-Florentin qui m'a remis hier au soir votre lettre, a été témoin de la façon dont j'ai parlé à M. Massiac ce matin; il m'a assuré que vous seriez content. Je suis fâchée, mais très-fâchée contre vous. La petite tête dont je vous parlai le jour de votre départ, a joué un trop grand rôle. Je ne sais quand je vous pardonnerai; vous mériteriez bien que je ne m'intéresse plus à vous.

Bonsoir, Monsieur, rancune tenante et très-fort.

A Monsieur
Monsieur le duc d'Aiguillon,
à Saint-Mathieu.

XVII

Dimanche au soir.

Réjouissez-vous, M. *de Cavendish :* 1º je ne suis pas morte, et (malgré votre méchant petit cœur), je veux vous flatter que vous n'en êtes pas fâché; 2º la lettre que M. le contrôleur général vous écrit aujourd'hui vous prouvera que, malgré mes maux, je n'ai pas oublié notre conquête. Donnez donc vite vos ordres, il n'y a pas un moment à perdre. Qui peut vous avoir mandé que les ministres n'approuvoient pas le projet? Il n'y a rien de si faux.

Bonsoir, M. *de Cavendish;* en voilà beaucoup pour une pauvre tête foible et convalescente.

XVIII

Je suis assurément bien touchée, Monsieur, du motif qui m'engage à vous importuner d'une lettre, mais je l'aurois été beaucoup (plus) si vous aviez pu me soupçonner par mon silence de ne pas prendre à votre douleur la part la plus sincère.

A Monsieur,
Monsieur le duc d'Aiguillon.

LETTRES

DE

MADAME DE POMPADOUR

AU

DUC DE RICHELIEU

1756

LETTRES

AU DUC DE RICHELIEU

I

A Choisy, ce 25.

Je vous plains sans doute de la situation où vous êtes avec le maréchal, car il ne faut pas vous flatter, il a le public pour lui ; je ne sais ce que fait M. le maréchal de Noailles dans les bulletins qui ont couru : c'est qu'il faut qu'il soit fourré partout.

La querelle de M. Lancy est un chiffonnage, et voilà souvent comment des riens deviennent des choses graves, quand il y a des experts pour les empoisonner. Je suis fâchée que le maréchal en ait tout autour de lui ; car pour sa personne, elle est pleine de bonnes qualités. Quant à moi, vous ne pouvez pas douter de l'intérêt que je prends à vous et de mon amitié. La façon dont je vous parle en est une grande preuve.

II

Ce 28 mai (1756).

On nous a mandé de Toulon les plus jolies nouvelles du monde; je les aimerois mieux de votre patte de chat. M. Byng nous tient un peu alertes, et

Nous ne voyons jamais passer devant chez nous
Cheval, âne ou mulet, sans les prendre pour vous.

Je n'aurois pas en mille ans trouvé assez d'esprit pour vous exprimer l'occupation où nous sommes de messieurs de Minorque. Les vieilles comédiennes ont heureusement de la mémoire ; elle m'a bien servie, puisque j'ai ajusté si à propos cette magnifique comparaison. Je vous envoie la déclaration de guerre du roi d'Angleterre ; la vérité n'y brille pas plus que le style. J'en suis fâchée pour l'honneur des beaux-esprits anglais. Je crois M. de Duras un honnête garçon, je lui souhaite tous les biens imaginables, et je contribuerai volontiers à les lui faire obtenir ; mais je ne puis qu'applaudir au choix de M. de Mirepoix.

Bonsoir, Monsieur le Minorquin ; j'espère bien fort que vous êtes actuellement en pleine possession.

Je rouvre ma lettre pour vous complimenter sur la bonne opération de M. de La Galissonnière. J'espère qu'elle vous avancera. Nous attendons la nouvelle d'un second combat.

III

Vos bons amis de cour, Monsieur le maréchal, *ont l'air fort intrigué de l'envoi de Cremille*. Il ne peut pas entrer dans l'esprit de certaines gens que l'on fasse rien de simple, et qu'en vous envoyant un homme intelligent, en qui vous et le ministère ayez confiance, on ne puisse avoir d'autres vues que celles du bien, de régler tout ce qu'il y a à faire avec vous, de voir sur les lieux ce qui est possible et ce qui ne l'est pas, et de vous donner par la suite une tranquillité dont vous ne pouvez jouir par les contradictions que vous trouvez dans les opinions, et qui seront levées. Tous ces motifs honnêtes, et pour le bien de la chose et pour vous-même, ne peuvent être compris par des gens qui ne le sont pas, parlant d'honnêteté. Je ne crois pas qu'il y ait rien de si indécent que tous ces propos que votre **R.** a fait tenir contre **M.** de Beauvau. Je ne le connois pas assez pour l'aimer beaucoup, mais je suis indignée des moyens dont elle se sert pour obtenir des graces. Ce n'est pas la première fois que je la vois employer ces infames moyens pour réussir dans ses projets : Dieu merci, elle n'a pas encore réussi. N'allez-vous pas renvoyer votre neveu pour ces arrangemens?

J'oubliois de vous dire, à propos de Cremille, que *M. de Maillebois le déteste*. Je vous mets en garde, autant qu'il m'est possible, contre les choix qui pourroient nuire au bien du service, et à votre tranquillité. Duverney n'entend pas raison pour les fourrages. M. de Paulmy et moi cherchons des moyens pour que Dumesnil ait Brouage, et que votre chère tante ne nous mange pas.

Bonsoir, Monsieur le maréchal.

LETTRES

DE

MADAME DE POMPADOUR

A

DIVERS PERSONNAGES

LETTRES

A DIVERS PERSONNAGES

I

AU PRÉSIDENT D'ORBESSAN

A Choisy, ce 9 juin 1746.

M. de Saint-Florentin que j'ai vu aujour-
d'hui, Monsieur le président, et à qui j'ai demandé des nouvelles de vos lettres patentes,
m'a dit qu'enfin on en était actuellement à les
expédier. Je suis fort aise d'avoir contribué à
la satisfaction de Messieurs de la société des

Sciences de Toulouse, et de leur avoir donné une preuve de l'estime et du cas que je fais des sciences et des beaux-arts. Je suis ravie en particulier de vous avoir prouvé l'amitié que j'ai pour vous.

LA M^{ise} DE POMPADOUR.

II

A L'ABBÉ LEBLANC

A Choisy-le-Roy, le 23 août 1746.

Je sais, Monsieur, qu'il vaque une place à l'Académie françoise, et il est vrai qu'elle paroît destinée à M. Duclos par le nombre de voix qu'il a eues à la dernière élection. Je m'intéresse à ce qui le regarde, et lorsqu'il sera en place, s'il en vient une seconde à vaquer, j'agirai avec plaisir pour vous. Je sais que vous le méritez par vos talens et votre zèle pour la gloire du Roy.

Je suis véritablement, Monsieur, votre très-humble et très-obéissante servante.

LA M^{ise} DE POMPADOUR.

III

AU MARQUIS DE BONNAC

Le sieur de Saint-Sauveur ne m'avoit pas laissé ignorer, Monsieur, tous les soins que vous vous donniez pour découvrir l'auteur de cet infâme libelle. Le respect que les États-Généraux ont marqué au Roy en vous remettant le coupable, est en effet un exemple très-rare et qui vous fait beaucoup d'honneur. J'espère qu'il arrêtera un peu les plumes empoisonnées des habitans de ce pays.

Je suis très-parfaitement, Monsieur, votre très-humble et très-obéissante servante.

La M^{ise} de Pompadour.

Monsieur
le marquis de Bonnac,
ambassadeur du Roy,
à La Haye.

CONVERSATIONS

DE LA

MARQUISE DE POMPADOUR

ET DU

PRÉSIDENT DE MEINIÈRES

1757

PREMIÈRE

CONVERSATION

Ce 31 janvier 1757.

M.

Vous souhaitez que je mette par écrit la conversation particulière que j'ai eu l'honneur d'avoir avec Madame la marquise de Pompadour, le mercredi 26 de ce mois, à six heures du soir, à Versailles, pendant près de cinq quarts d'heure. Il ne me sera pas facile de me rappeler tout ce qui s'est dit; cependant je crois que les faits me sont encore assez présens pour que je n'en omette pas un grand nombre.

Il est bon d'abord de vous instruire de ce qui y a donné lieu.

Au mois d'août 1755, je priai M. le chancelier de vouloir bien demander au Roy l'agrément d'une charge de conseiller au grand conseil pour mon fils. Le Roy le refusa, quoique M. le chancelier revînt trois fois le demander, n'en ayant pas reçu de réponse les deux premières. S. M. marqua même une disposition très-défavorable pour aucune charge dans la magistrature.

Les affaires du grand conseil avec le parlement s'étant aigries, je ne vis pas de moyens de songer à mettre mon fils dans une compagnie dont je contribuois à foudroyer les prétentions.

Mon fils, pendant ce temps-là, se fortifioit dans son éloignement pour le métier de la robe : le dégoût que je venois d'essuyer lui donnoit un prétexte plausible pour me proposer de le mettre dans l'épée. Je n'eus pas de peine à y condescendre.

La difficulté étoit de m'adresser à M. d'Argenson. Je savois qu'il m'étoit très-contraire, sans que j'en aie jamais pu démêler le motif, si ce n'est qu'il me connoissoit fort attaché au parlement, et il disoit, toutes les fois qu'on parloit de moi, que mon fils n'auroit jamais de place ni dans l'épée ni dans la robe.

J'imaginai que, malgré les préventions qu'on avoit aussi données contre moi à M. le duc de Biron, je parviendrois à l'en détromper, et que je l'amènerois à me rendre service en lui représentant que j'étois la victime des persécutions et des calomnies dont M. le marquis de Stainville et le marquis de Gontaut m'accabloient, et qu'il étoit digne d'un homme tel que lui de réparer les maux que les injustices de ces messieurs m'avoient causés. Je l'échauffai tellement de cette belle action qu'il devint, au bout de deux conversations, passionné pour me rendre service, et s'industria lui-même pour trouver les moyens d'y parvenir : il se donna la peine d'en parler à Madame la comtesse du Roure, sa sœur ; il voulut que je la visse. Je l'entretins de mes affaires ; elle me promit de m'aider de tout son crédit auprès de Madame la marquise ; elle engagea M. le marquis de Gontaut à en user de même ; de manière que toute la maison de Biron, qui jusque-là m'avoit été si contraire, à cause de l'intérêt que j'avois pris à M. de Thiers, mon cousin et mon ami, dans son procès contre M. de Gontaut et M. de Stanville, me devint entièrement favorable.

Ce premier obstacle levé, je comptois que la première place d'enseigne aux gardes qui viendroit à vaquer me seroit accordée. M. le duc de Biron me promit de la demander, et il me tint parole; mais par une suite de mon étoile, il en fit la proposition au Roy le lendemain d'un lit de justice tenu à Versailles au mois d'août 1756. Le Roy, mécontent du parlement, lui répondit qu'il avoit déjà refusé mon fils pour une charge au grand conseil; que j'étois continuellement occupé de cabales et d'intrigues dans ce parlement, et qu'il n'accorderoit aucun agrément à ce jeune homme ni pour la robe ni pour l'épée. M. le duc de Biron voulut insister, et dire que les préventions qu'on avoit données au Roy contre moi n'étoient pas fondées; qu'il avoit peut-être contribué lui-même à les inspirer, aussi bien que sa famille; mais qu'après s'être informé des faits, il en avoit reconnu la fausseté, et qu'il croyoit faire une action de justice en me rendant lui-même ce service. Le Roy ne lui répondit rien, mais passa à autre chose.

M. le duc de Biron étoit fort fâché d'avoir si

mal réussi : il exigea que j'écrivisse à Madame de Pompadour ; j'y eus quelque répugnance ; il insista, et j'y consentis, à condition que je la prierois de remettre en même temps la lettre que j'écrirois au Roy sur le même sujet.

Madame de Pompadour, continuellement sollicitée par Madame du Roure en ma faveur, reçut ma lettre assez agréablement, promit de remettre celle que j'écrivois au Roy, mais annonça à Madame du Roure qu'elle n'en espéroit aucun succès.

En effet, Madame de Pompadour m'écrivit, au commencement de septembre, qu'elle avoit remis ma lettre au Roy ; que S. M. étoit fort indisposée contre moi, et qu'elle désiroît que je la misse à portée de me rendre service en changeant de conduite à l'avenir.

On voulut que je lui fisse réponse ; je la fis, et je lui mandai que, ne croyant pas avoir rien à me reprocher dans ma conduite, je ne pouvois pas en tenir une différente, et que ne sachant pas quel étoit mon crime, je ne pouvois ni m'en justifier ni l'expier.

Je passe rapidement sur ces détails pour venir au fait de ma conversation. Je ne puis cependant pas vous laisser ignorer que, malgré toutes les précautions que j'ai pu prendre et la solitude dans laquelle j'ai vécu, le ménagement que ceux de Messieurs du parlement dont je suis ami ont eu pour moi, en ne venant pas chez moi, je n'en ai pas été moins en butte aux traits de la calomnie, et continuellement desservi auprès du Roy.

L'affaire des démissions est arrivée; j'ai donné la mienne après les autres. Nouvelle occasion d'exclure mon fils de tout emploi, et de se déchaîner contre moi, sans cependant m'imputer rien sur mes sentimens de probité et d'honneur, mais seulement de causer et d'entretenir la fermentation dans le parlement, ce qui est très-faux.

Je gardois le secret sur les tentatives inutiles que j'avois faites pour procurer un état à mon fils; à la fin, il a transpiré. Plusieurs honnêtes gens ont pris compassion de mon sort; Madame la comtesse de Montesquiou en parla avec sentiment en ma présence, le jeudi 20 de ce mois, à M. l'abbé Baile, qui est fort attaché à Madame de Pompadour : ils décidèrent qu'il étoit digne d'elle de réparer une aussi grande injustice, et arrêtèrent que M. l'abbé Baile écriroit à Madame la marquise, et lui demanderoit un rendez-

vous pour moi, afin que lorsqu'elle m'auroit vu
et entendu, elle pût se convaincre par elle-
même que je n'étois pas capable d'intrigues et
de cabales.

Je les laissai faire, n'imaginant pas que l'exécution suivroit d'aussi près le projet, et qu'on
prît le temps où la cour étoit si occupée du
parlement pour proposer de m'entendre sur
l'état que je demandois pour mon fils.

Je ne m'attendois à rien; on me fit dire par
Madame de Montesquiou de me rendre à Versailles le 26, à six heures, de demander le
nommé Gourbillon, valet de chambre, et que
je n'attendrois pas longtems. Effectivement, à
peine eus-je été annoncé, que je fus introduit
dans une pièce très-grande, qui suit immédiate-
ment la seconde antichambre.

Madame de Pompadour étoit seule, debout
auprès du feu ; elle me regarda de la tête aux
pieds avec une hauteur qui me restera toute ma
vie gravée dans l'esprit, la tête sur l'épaule,
sans faire de révérence, et me mesurant de la
façon du monde la plus imposante.

Quand je fus assez près d'elle, elle dit d'un
ton de colère à son valet de chambre, qui étoit
indécis sur le siége qu'il me donneroit : « Tirez

une chaise. » Il la plaça vis-à-vis d'elle, et si près, que mes genoux n'étoient pas à un pied de distance des siens.

Quand nous fûmes assis tous deux, et que le valet de chambre fut sorti, je dis à Madame la marquise, d'un son de voix mal assuré, et avec un peu de tremblement :

« Madame, je n'ai jamais rien tant ambitionné avec plus d'ardeur que la faveur que vous voulez bien m'accorder aujourd'hui ; elle m'est d'autant plus sensible que je ne m'attendois pas de l'obtenir si promptement. Je désirois, Madame, avec le plus grand empressement, d'avoir l'honneur de vous assurer de mon profond respect, afin que vous puissiez vous convaincre par vous-même que je suis incapable des cabales et des intrigues dont on m'accuse. J'espère que lorsque vous serez persuadée, Madame, de l'injustice de cette imputation, dont mon malheureux fils est la victime, votre bonté, votre humanité, et cette inclination naturelle que tout le monde vous connoît pour protéger l'innocence et venir au secours des malheureux, vous porteront à m'accorder votre puissante protection auprès du Roy, pour obtenir à mon fils l'agrément d'une place de cornette dans un régiment de cavalerie, ou d'enseigne dans le régiment des gardes. J'ai eu la douleur de tenter inutilement de le mettre d'abord au grand conseil ; le Roy ne lui a pas voulu accorder de provisions. M. le duc de Biron a bien voulu le proposer à S. M. pour une enseigne, et le Roy l'a rejetté d'une façon dont le souvenir m'est bien amer. En sorte que je vois mon fils exclu de tout état à cause de moi, sans que je puisse savoir ce que j'ai fait, et quel est mon crime, pour éprouver un si rigoureux sort. »

Pendant tout ce discours, qui ne laissa pas d'être long pour quelqu'un qui se mouroit de peur en le commençant, Madame la marquise avoit les yeux fixés sur moi d'une manière toute propre à me déconcerter : elle étoit droite comme un jonc sur son fauteuil, et elle fit seulement une petite inclination du corps, lorsque je lui parlai de son penchant naturel à obliger.

Quand j'eus fini, elle prit la parole très-vivement, et elle me dit : « Comment, Monsieur, vous ignorez, dites-vous, ce que vous avez fait, et quel est votre crime ?

— Oui, Madame, je l'ignore absolument.

— Comment cela est-il possible ? Vous n'avez donc pas un ami ?

— Vous voyez bien au contraire, Madame, qu'il faut que j'en aie, puisque c'est par eux que j'ai obtenu la grace d'avoir l'honneur de vous faire ma cour aujourd'hui ; mais aucun ne m'a jamais dit qu'il connût la cause du traitement que j'éprouve aujourd'hui.

— Comment ! ignorez-vous la considération dont vous jouissez ? »

Je me mis à rire, et je lui répondis :

« Madame, je n'aurois pas cru qu'on me fît un crime de la considération que j'ai pu acquérir dans l'exercice de mon métier.

— Entendons-nous, Monsieur. Cette considération est fondée sur l'utilité dont vous avez été en différens tems à votre compagnie, par vos livres, vos manuscrits, vos recherches ; vous avez fourni des citations, des autorités pour des remontrances qui le plus souvent ont déplu au Roy, et S. M. en a conservé contre vous une prévention qu'il n'est pas possible d'effacer. »

Ma timidité diminuoit à mesure que j'entrois en matière ; je répondis d'un ton très-ferme :

« En vérité, Madame, mon inquiétude est

fort soulagée, puisque j'apprends que le seul fondement des préventions qu'on a données au Roy contre moi est l'utilité dont j'ai pu être à une compagnie dont je suis membre. Ayant travaillé toute ma vie pour faire des recherches sur l'histoire et sur le droit public, ma compagnie me connoissant des ressources qui pouvoient lui être utiles, et qu'elle trouvoit rassemblées chez moi, au lieu de les aller puiser avec un grand travail dans plusieurs bibliothèques, me les demandoit ; j'ai cru, comme citoyen, comme magistrat, et comme membre d'un corps dont les intérêts me sont chers, devoir lui procurer tous les secours qui étoient en mon pouvoir. Je ne suis nullement garant de l'emploi qu'ils ont pu faire des autorités que je leur ai indiquées. Je ne leur ai rien donné qui ne [soit répandu dans les livres les plus connus ; je leur ai seulement facilité les moyens de trouver ce qu'ils cherchoient ; mais ce que je ne leur aurois pas fourni, ils l'auroient trouvé ailleurs, seulement avec plus de peine et perte de temps.

« Vous êtes judicieuse, Madame ; je prends la liberté de vous conjurer de peser si cette faute, à supposer que c'en soit une, est de nature à rendre mon fils indigne de tout emploi dans la robe ou dans l'épée. J'ai cru faire bien en servant une compagnie dans laquelle je suis depuis vingt-six ans. Je veux que ce soit une faute; mais, Madame, est-ce à mon fils à en supporter la peine? C'est à moi. Le Roy connoît mon respectueux attachement pour sa personne; qu'il me punisse, je ne murmurerai pas; mais qu'il punisse mon malheureux fils de la conduite que j'ai tenue, et que je ne croyois pas capable de lui déplaire, je prends la liberté de vous dire, Madame, que je ne reconnois pas là cette bonté ordinaire du Roy, qui n'a jamais enveloppé dans sa disgrace les parens de ceux de ses sujets auxquels il se croit obligé de marquer son mécontentement.

— Le Roy est le maître, Monsieur; il ne juge pas à propos de vous marquer son mécontentement personnellement, mais de vous le faire éprouver en privant Monsieur votre fils de jouir d'un état. Vous punir autrement seroit une affaire : vous êtes officier. Il emploie le moyen qui est dans sa main; il faut respecter ses volontés. Je vous plains, cependant, et je ne demanderois pas mieux que de me voir à portée de vous rendre service. Vous savez, par exemple, que le Roy désire dans ce moment des marques de soumission de la part de Messieurs des enquêtes et requêtes qui ont donné leur démission ; qu'il a donné des preuves de ses bontés à ceux qui lui ont écrit des lettres particulières. Si vous vouliez en écrire une de même, et, par votre exemple, engager plusieurs autres à en écrire de semblables, ce seroit un service que vous rendriez au gouvernement dans les circonstances présentes, que je serois en état de faire valoir, et alors vous pourriez espérer quelque changement dans les dispositions du Roy à votre égard. Mais quand je n'aurai autre chose à dire à S. M., sinon : Sire, j'ai vu aujourd'hui M. de Meinières ; il m'a protesté de l'attachement le plus respectueux pour votre personne, *et cætera,* le Roy me répondra : Qu'a-t-il fait pour me le prouver ? Rien. Et les choses demeureront dans le même état, et je ne pourrai rien faire pour vous.

— Je suis, Madame, le plus malheureux homme du monde, car il ne m'est pas possible, dans ma façon de penser, de me prêter à écrire une lettre particulière pour redemander ma démission. Je crois cette démarche inutile pour le Roy, dangereuse pour la compagnie, et déshonorante pour moi en particulier.

« Écrire une lettre pour redemander sa démission, tant que les motifs qui l'ont fait donner subsistent, c'est avouer qu'on a commis une prévarication, ou au moins une légèreté. J'estime qu'un officier qui fait pareil aveu s'expose à encourir la juste punition qu'il mérite, ou à obtenir grace. Un officier du parlement qui se met dans le cas d'obtenir grace, comme un criminel, ne peut pas monter avec honneur et sans reproche dans son tribunal, pour rendre, au nom du Roy, la justice à ses sujets.

« J'ajoute que cette lettre est dangereuse pour la compagnie. On ne sent que trop où tend le projet de ces lettres. Lorsque nous aurons tous demandé la restitution de nos démissions, sans aucune assurance de l'effet de cette soumission, le Roy fera le choix de ceux à qui il jugera à propos de les rendre, sans que les autres aient rien à dire, parce qu'ils devront s'estimer heureux de n'avoir pas été compris dans le triage, et qu'ayant eux-mêmes demandé à rentrer au palais, sans être assurés que tous ceux qui ont fait la même démarche auront la même faveur, ils ne pourront plus se refuser à reprendre le

service, et ils auront à se reprocher d'avoir
donné lieu à cette distinction mortifiante pour
des personnes qui n'ont donné leur démission
que par honneur, et pour ne pas manquer à
leur compagnie. Pour moi, Madame, j'ai été
malheureux toute ma vie; j'ai au moins une
consolation, c'est de n'avoir jamais causé vo-
lontairement le malheur de personne. C'est un
grand repos du côté du cœur de se pouvoir
rendre témoignage qu'on n'a jamais nui à qui
que ce soit; et j'ai l'honneur de vous protester,
Madame, que je pardonnerai toujours bien volontiers à ceux qui seront la cause que j'éprou-
verai quelque disgrace, mais je ne me pardon-
nerois pas d'avoir pu concourir à l'infortune de
personne.

« Enfin, Madame, j'ai eu l'honneur de vous
dire que cette démarche seroit déshonorante
pour moi. Si j'ai conservé quelque estime et
quelque considération dans ma compagnie, c'est
parce que l'on m'a toujours vu marcher sur la
même ligne, ne jamais m'en séparer, ne jamais
rien faire qui pût lui nuire : de quel œil me
verroit-on tout à coup faire une chose si oppo-
sée à ma façon de penser et d'agir? J'ai l'honneur, Madame, de vous parler avec confiance;

je sais que vous vous l'attirez de la part de tous
ceux qui ont le bonheur de vous entretenir. Je
vous montre donc mon cœur, Madame; il m'est
impossible de me prêter à cette démarche sans
me rendre infiniment malheureux, et malheureux en pure perte; car ne vous imaginez pas,
Madame, que parce que j'aurai signé une pareille lettre, mon exemple sera suivi d'un grand
nombre d'autres; je ne m'attirerai que des
reproches durs, et personne ne m'imitera; je
deviendrai suspect, et je me rendrai inutile; en
sorte que si, par la suite, je puis vous être de
quelque utilité, ce ne sera qu'autant que je
me tiendrai au gros de la compagnie.

« Que penseroit-on de moi, Madame, si on
voyoit par la suite accorder à mon fils un état
qui lui a été refusé jusques à présent, et qu'on
pût attribuer ce changement de disposition
pour moi au changement de ma manière de
penser et d'agir dans la compagnie? Ainsi,
Madame, dans l'alternative ou de perdre mon
honneur, ou de voir mon fils privé d'un état, je
ne balance pas. Je finirai, Madame, par une
considération qui me paroît décisive pour moi,
indépendamment de toutes celles que j'ai eu
l'honneur de vous expliquer. Il y a quatre ans

que je ne vais presque point au palais, que je cherche un acquéreur, et que je voudrois pour toutes choses au monde en être sorti pour n'y jamais rentrer. On sait que c'est là mon seul désir. Que voudroit dire que je redemandasse un office dont on n'ignore pas que je veux me défaire? Si je l'osois, je demanderois plutôt mon remboursement. Vous sentez donc, Madame, que je suis moins dans le cas que personne de demander ma démission. »

Pendant que je parlois, Madame de Pompadour avoit les yeux attachés sur moi, et elle me regardoit de manière à me déconcerter, si je n'avois pas été aussi persuadé que je l'étois. Quand j'eus fini, elle prit un air plus serein, et me dit d'un ton d'amitié :

« Monsieur de Meinières, j'ai envie de vous faire plaisir, mais je vois que cela ne me sera pas possible, car vous ne vous prêtez à rien. »

Je lui dis : « Vous en voyez les raisons, Madame.

— Elles ne valent rien. Premièrement, on ne vous accorderoit pas tout à l'heure ce que vous désirez pour Monsieur votre fils ; ainsi cela ne paroîtroit pas être la récompense de votre complaisance.

« En second lieu, n'allant plus au palais, c'est une raison pour vous moins embarrasser de la façon dont on prendra votre démarche. Si elle est suivie d'autres, le Roy vous en saura gré. Si personne n'imite votre exemple, ce ne sera pas votre faute, et le Roy ne vous en saura pas moins de gré. Répondez-moi à cela.

— Je n'aurai pas de peine, Madame. Premièrement, si le Roy ne m'accorde pas tout à l'heure ce que je demande pour mon fils, il me fait un grand tort, car ce fils a vingt-deux ans passés, et c'est déjà bien tard entrer au service ; et moi, Madame, en écrivant ma lettre tout à l'heure, je me fais un tort réel, je me déshonore. Quand je désire placer mon fils dans un régiment, je veux mettre au service le fils d'un homme d'honneur, et non le fils d'un homme déshonoré.

« Quant à ce que vous me faites l'honneur de me dire, que, devant quitter incessamment la compagnie, je dois moins m'embarrasser des discours qu'on tiendra sur mon compte, je vous avoue, Madame, que je ne me sens pas le courage, après avoir été vingt-six ans dans cette compagnie, honoré, de n'y laisser, en la quittant, que le souvenir d'une action si peu d'accord avec toutes celles qui auroient pu me mériter quelque estime. Je serois mal avec moi-même, et je crois que je me ferois capucin. Je ne puis pas absolument, Madame, me prêter à cette démarche, quelque chose qu'il m'en coûte de voir mon fils sans état. »

Madame de Pompadour se mit à rire et me dit avec une éloquence admirable : « Je suis toujours étonnée d'entendre mettre en avant leur prétendu honneur pour ne pas faire ce que le Roy désire, ce qu'il veut, ce qu'il ordonne, et ne pas considérer qu'il est du véritable honneur de remplir les devoirs de son état, et de faire cesser le plus tôt qu'il est possible le désordre qui règne dans toutes les parties de l'administration, par le défaut de justice. Voilà, Monsieur, en quoi il faut faire consister son honneur : à reconnoître ses torts, la légèreté, la précipitation d'une démarche si contraire à toute règle, à toute bienséance ; à tâcher, par une conduite différente, à effacer dans l'esprit du Roy et de ses sujets l'impression défavorable qu'une action de cette nature doit y causer. Je crois que personne n'ignore combien j'honore la magistrature, mais il n'y a rien que je ne donnasse pour n'avoir point un pareil reproche à faire à ce tribunal auguste, à ce premier parlement du royaume, à cette cour de France, qui fait d'elle-même un éloge pompeux dans tous ses écrits, ses remontrances, etc. Quoi ! c'est cette cour si sage qui veut sans cesse rectifier le gouvernement, qui, en un quart d'heure, se porte à une extrémité de cette espèce ? On ne suit que sa passion, son ressentiment, son aveuglement, sa fureur, et voilà les démissions parties. C'est pourtant avec ces insensés-là que vous avez donné votre démission, Monsieur de Meinières ; et vous mettez votre honneur à ne vouloir pas vous détacher d'eux ? Vous aimez mieux voir périr le royaume, les finances, l'État entier ; et vous faites en cela consister votre honneur ? Ah ! Monsieur de Meinières, ce n'est pas là l'honneur d'un sujet véritablement attaché à son Roy, ni même d'un citoyen. »

J'avoue que je fus émerveillé de la facilité de l'élocution, de la justesse des termes, que je ne rends peut-être qu'imparfaitement, et que je la considérai avec autant de plaisir que d'attention en l'entendant parler si bien. Il falloit parler à mon tour, et j'avoue que l'étonnement où j'étois m'avait fait une telle diversion, qu'à peine je songeai que j'aurois à lui répondre, et peut-être fut-ce un bonheur pour moi, car si je m'étois occupé de mon embarras pour répliquer, j'aurois tellement été frappé de mon infériorité, que je serois demeuré muet ; mais je m'accrochai au mot d'*insensés* qui lui étoit échappé, et je lui dis : « Madame, ai-je pu faire autrement que de donner ma démission ?

— Vous avez fort bien fait, me dit-elle : il faut, dans un corps, en suivre tous les mouvemens ; la vôtre d'ailleurs a été donnée séparément ; elle n'est pas du 13 décembre ; elle est datée du 14, et vous ne l'avez donnée que le 15. Il n'y a rien à dire, et je serois la première à vous blâmer si vous ne l'aviez pas fait.

— Cela posé, Madame, si j'ai fait assez de cas de ces prétendus fols pour donner ma démission avec eux, je dois en faire assez pour ne la reprendre qu'avec eux ; et j'ose dire que les intérêts du gouvernement sont liés avec la conduite uniforme que nous tiendrons. Si les uns agissent d'une façon et les autres d'une autre, ils font voir manifestement que les motifs qui les ont déterminés à donner leur démission ne les ont pas tous également touchés, et que sans les peser, par légèreté et par précipitation, ils se sont portés à cette extrémité. Or, j'ose dire que quand cela seroit vrai, qu'il seroit dans l'intérêt du Roy de le cacher aux yeux de ses sujets, n'étant nullement rassurant pour eux d'avoir des magistrats convaincus, par leur propre bouche, d'avoir agi avec légèreté et précipitation. Quelle impression ces magistrats seroient-ils capables de faire sur leurs esprits ? Comment parviendroient-ils à faire respecter l'autorité du Roy, quand ils cesseroient de l'être eux-mêmes ? Par cette raison, Madame, et par toutes celles que j'ai eu l'honneur de vous dire, je ne puis pas me prêter à une démarche particulière non convenue et non concertée, lorsqu'elle tend à détruire une démarche faite de concert et en commun. Je pense qu'il y a du déshonneur à tenir une autre conduite.

— Ah ! Monsieur de Meinières, ne me tenez pas ce langage. Où trouvez-vous, s'il vous plaît, qu'il y a du déshonneur à faire une démarche qui est, au contraire, celle du devoir, de l'honneur, et du sujet véritablement citoyen ?

— Madame, je n'ai pas besoin ici, pour me

déterminer, d'examiner s'il doit ou non en résulter du déshonneur ; je n'ai qu'à ouvrir les yeux et me décider par le fait. Ceux qui ont écrit des lettres particulières, ou n'osent pas l'avouer, et par cette conduite, prouvent eux-mêmes qu'ils ne pensent pas avoir bien fait, ou s'ils l'avouent, ils essuyent tant de reproches, qu'ils sont obligés d'en faire des excuses à leurs confrères. Nous avons actuellement un président de Corberon qui a écrit à M. le chancelier ; toute la chambre lui a tourné le dos et ne veut plus le voir. Il va de porte en porte humblement supplier ses confrères de lui rendre leur amitié, et il n'essuye que des dégoûts et des affronts. Je vous l'avoue, Madame, je ne me sens pas la force de jouer ce personnage, et pour rien au monde, je ne m'y exposerois ; et si, à la suite de ces lettres particulières, il y a un triage de quelques-uns de nous, comme je le crains fort, on leur en attribuera la cause : quels déboires alors n'auront-ils pas à essuyer ?

— Je n'entends pas pourquoi ces Messieurs se cachent d'avoir bien fait ; c'est sans doute parce qu'ils ne sont pas encore en assez grand nombre pour se déclarer, et qu'ils craignent les vivacités et les emportemens de vos Messieurs ;

mais je ne les approuve point de se cacher d'une bonne action.

— Madame, il faut qu'elle ne soit pas honnête puis qu'on s'en cache. Il étoit si simple de profiter de la circonstance malheureuse de cet horrible assassinat, et du zèle avec lequel nous offrions nos services.

— Je n'en disconviendrai pas; mais la lettre du président Dubois était si mauvaise.

— Madame, je ne prétens pas en faire l'apologie; mais, premièrement, ce n'est pas la seule qu'il ait écrite, et c'est la seule dont on ait donné connoissance ici. Ce n'étoit pas d'ailleurs les lettres du président Dubois qu'il falloit peser, mais plutôt envisager l'assiduité de Messieurs des enquêtes, depuis cinq heures du matin jusqu'à huit heures du soir, au palais ou chez M. le premier président; leur persévérance à demander des ordres étoit plus expressive que les lettres d'un particulier qui, écrivant au nom d'un corps, étoit peut-être gêné dans ses expressions. J'en ai écrit une, le même jour, à dix heures du soir, à M. le premier président : elle rendoit tout le sentiment dont j'étois affecté. M. le premier président a feint de ne l'avoir pas reçue. Les mouvemens du cœur, que cette lettre exprimoit au naturel, m'étoient communs avec tous les sujets du Roy, et en particulier avec les membres de la compagnie. Rien n'étoit plus simple que de profiter de la disposition actuelle de la compagnie qui montroit le plus grand zèle et la meilleure volonté pour ce que le Roy désiroit. Au lieu de saisir cette occasion, on s'amuse à épiloguer la lettre du président Dubois ; et j'avouerai, Madame, que je ne comprens pas comment, au milieu des alarmes où on devoit être sur les jours du Roy, on conservoit assez de sang-froid et de présence d'esprit pour disséquer une lettre du président Dubois. Dès ce moment nous avons senti qu'on ne vouloit point nous accorder des ordres pour rentrer, parce que si on nous les donnoit, on ne pourroit pas exécuter le triage qu'on avoit tant à cœur. »

Madame la marquise me dit : « Je conviens qu'il est fâcheux qu'on n'ait pas saisi cet instant, et que la seconde lettre du président Dubois et la vôtre aient été ignorées. Le Roy a vu la vôtre et en a été fort content.

« Pour ce qui est du triage que vous craignez tant, vous ne me le direz pas, Monsieur de Meinières, mais si je pouvois vous prendre à foi et à serment, vous conviendriez qu'il y a tel sujet dans le parlement dont la compagnie seroit fort aise d'être débarrassée. »

Je fus quelques momens sans répondre, et je dis que je repassois dans mon esprit ce qui pouvoit être, et que je n'en connoissois aucun qui n'eût son genre d'utilité, et qui ne fût très-attaché à ses devoirs. « J'ai assez éprouvé personnellement, ajoutai-je, à quel point d'honnêtes gens peuvent être les victimes de la calomnie, pour prendre la liberté de vous assurer que ceux contre lesquels on donne dans ce pays-ci le plus de préventions sont les meilleurs serviteurs du Roy, et ceux qu'on a le plus d'intérêt de conserver, et qu'au contraire on s'efforce de décrier et de détruire. Il leur arrive ce qui m'est arrivé. S'appliquant aux devoirs de leur état, instruits plus exactement sur la matière qui se présente, par exemple, sur l'étendue de la juridiction ecclésiastique, ils proposeront, à leur rang d'opiner, différens avis suivant les circonstances ; ces avis sont embrassés par le plus grand nombre, et en conséquence il se fait un arrêté ou un arrêt ; cet arrêté ou cet arrêt n'a pas le bonheur de plaire dans ce pays-ci ; on n'en sait pas mauvais gré à la compagnie qui l'a adopté, sans le concours de laquelle il n'eût pas pu être formé, mais on demande qui est-ce qui l'a proposé, et toute l'indisposition tombe sur celui qui a ouvert l'avis, en sorte que si son sentiment est suivi dans la même affaire ou dans d'autres, plusieurs fois de suite, il est perdu. Il faut, cependant, quand on est en place pour dire son avis, le dire comme on le pense, ou trahir son devoir. Comment donc faire ? Les honnêtes gens ne balancent pas, mais ils se perdent, car ils vont bonnement proposant ce qu'ils croyent le mieux dans les circonstances. Il faudroit, pour n'être pas exposés à l'indisposition des ministres et des gens de la cour, qu'ils prissent de mauvais avis qu'on ne suivroit jamais, et qu'en choisissant celui qu'ils estiment le meilleur, ils eussent des moyens pour empêcher que ceux qui opinent après eux ne se rangent à leur avis ; car s'il leur arrive d'avoir eu raison, ou d'avoir été chefs d'avis cinq ou six fois dans leur vie, ils sont notés, et, à la première occasion, ils sont punis plus sévèrement que les autres. Cela est-il juste, Madame, et est-ce là le moyen de maintenir la liberté des suffrages qui est de l'essence des délibérations ?

26

— Il ne s'agit point, Monsieur de Meinières, de vouloir gêner les délibérations ; il s'agit, au contraire, de diminuer la contrainte et la tyrannie qui s'exerce dans les délibérations par ces Messieurs.

— Je ne sais pas, Madame, comment depuis deux ans les choses se passent aux assemblées des chambres, parce que je ne vais plus au palais ; mais je n'ai jamais vu et je n'ai pas entendu dire que personne voulût subjuguer les opinions ; j'ai vu toujours laisser chacun opiner librement à son rang, et agréer ou rejetter, sans aucune espèce de contrainte, les différens avis proposés.

— Je vois bien, Monsieur de Meinières, que nous ne serons pas plus d'accord sur cela que sur tout le reste, et j'en suis fâchée. Je vous le répète, c'est la trop grande bonté du Roy dont il a été jusqu'à présent, qui vous rend aujourd'hui tous si entreprenans et si difficiles. A la fin, Monsieur, sa bonté se lasse, et il veut être le maître. N'allez point attribuer aux ministres le ressentiment particulier et personnel du Roy, comme vous faites toujours : il ne s'agit point d'eux ; c'est ici le Roy qui est personnellement blessé, et qui par lui-même, et sans y être en aucune façon excité par personne, veut être obéi.

« Mais, je vous demande un peu, Messieurs du parlement, qui êtes-vous donc pour résister comme vous faites aux volontés de votre maître ? Croyez-vous que Louis XV ne soit pas un aussi grand prince que Louis XIV ? Pensez-vous que le parlement d'aujourd'hui soit composé de magistrats supérieurs en qualité, en capacité et en mérite à ceux qui composoient le parlement alors ? Ah ! que je le souhaiterois bien ! Qu'il s'en faut qu'ils leur ressemblent ! Mais considérez vous-même ce qu'a été le parlement depuis 1673, après que Louis XIV lui eut ôté les remontrances, jusqu'en 1715, et vous verrez si le parlement a jamais été plus grand et plus considéré que dans cet espace de temps. Pourquoi aujourd'hui, Messieurs du parlement, trouvez-vous extraordinaire qu'on vous ramène à l'exécution de l'ordonnance de 1667, lorsque le parlement qui existoit pour lors n'a pas soufflé après le lit de justice de 1673, qui étoit plus rigoureux ? »

La rapidité et la vivacité avec laquelle Madame de Pompadour me débita ce discours, m'étonna, m'embarrassa, et me fit lâcher fort indiscrètement à mi-voix : « *Ils ne l'osèrent pas.* » Elle m'entendit, et reprit avec feu :

« Y songez-vous, Monsieur de Meinières ? *Ils ne l'osèrent pas*, et vous l'osez ! Pensez-vous donc que le Roy soit moins puissant que son bisaïeul ? *Ils ne l'osèrent pas !* Ah ! mon Dieu, quel sentiment ! quelle expression ! Je sais que c'est là la façon de penser commune à Messieurs du parlement et à d'autres ; mais il y en a peu qui l'avouent, et je suis fâchée de savoir de votre propre bouche que vous avez aussi ce sentiment.

— Madame, excusez, je vous prie, ma franchise ; j'ignore la langue de la cour ; ma timidité naturelle ne me laisse pas toujours le choix des termes ; si je n'ai pas le bonheur de m'exprimer comme je le devrois, j'en dois tirer au moins cet avantage auprès de vous, Madame, c'est que je me fais connoître pour ce que je suis, sans talent et sans art, et par conséquent incapable des intrigues et des cabales dont on m'accuse ; c'est ce qui m'a toujours fait désirer, aux dépens même de mon amour-propre, d'avoir l'honneur de vous faire ma cour.

« Mais, Madame, je reviens à l'expression qui vous a blessée. Elle ne part pas de l'opinion qu'elle paroit présenter d'abord, que l'autorité de Louis XV soit moins grande que celle de Louis XIV. Je pense qu'elle est absolument égale, et je crois même celle du Roy régnant supérieure. Quelle différence, en effet, Madame, d'un Roy qui aime la vérité, qui la veut connoître, qui sait qu'il y a des lois, et qui veut qu'elles soient respectées, et d'un monarque qui veut qu'on ne reconnoisse d'autres lois que sa volonté ! Celui sous lequel nous avons le bonheur de vivre ne veut gouverner ses peuples que par la justice, et par conséquent, il sera toujours regardé comme plus grand que son bisaïeul ; cela explique ma proposition.

« Les magistrats qui composoient alors le parlement, n'osoient pas représenter à leur Roy ce qu'ils croyoient juste, parce qu'il n'étoit pas disposé à les vouloir entendre. Les magistrats du parlement aujourd'hui, *osent* au contraire lui faire des remontrances, parce qu'il leur a dit lui-même qu'il les écouteroit toujours favorablement.

« Ajouterai-je, Madame, que c'est un grand malheur quand un prince ne veut pas écouter ceux qui sont préposés, par leur institution, pour l'avertir des surprises qui peuvent lui être faites ? Et, qu'il me soit permis de le dire, Louis XV ne seroit pas aujourd'hui surchargé des dettes immenses contractées par Louis XIV, si Messieurs du parlement qui vivoient sous son règne avoient opposé quelque résistance à ce torrent de créations d'offices et rentes sur la ville qui accablent à présent l'État. »

Madame de Pompadour se leva en me disant fort gracieusement : « Je vois bien que je ne gagnerai rien auprès de vous ; je n'en entre pas moins dans votre peine. J'ai été mère, et je sais ce qu'il doit vous en coûter pour laisser votre fils sans état. »

En me disant cela, elle me menoit du côté de la porte. Je lui répondis en peu de mots : « Je vous supplie, au moins, Madame, de vouloir bien me rendre une justice entière auprès de Sa Majesté, et de lui dire que vous m'avez peut-être trouvé arrêté dans mes sentimens, mais que vous m'avez jugé absolument incapable de cabales et d'intrigues. Je prends encore la liberté de vous conjurer de l'assurer que quelque peine qu'il puisse me faire éprouver dans le cours de ma vie, je ne lui serai pas moins très-tendrement et très-respectueusement attaché. »

Elle me fit une inclination de tête, et partit

comme un trait pour passer dans sa chambre à coucher, où il y avait du monde. En s'en allant, elle ne cessa de me regarder, jusqu'à ce que j'eusse fermé la porte sur moi, et je m'en allai rempli d'étonnement et d'admiration.

SECONDE

CONVERSATION

Madame de Pompadour avoit commencé l'ouvrage de la pacification avec le président de Meinières; elle ne voulut pas qu'il fût exilé comme les autres. Elle sut, quelques jours après, qu'il avoit un plan d'arrangement, et lui fit écrire par l'abbé Baile, pour qu'il se rendît, le 8 février, à Versailles.

Le président de Meinières y alla, et lui parla du retour des exilés.

« Cela ne vaut rien, répliqua la marquise; vous revenez encore à vos démis, il est inutile d'en parler au Roy; c'en est fait à leur égard. Le Roy ne reviendra jamais sur leur compte, il est trop charmé de voir le parlement purgé des mauvaises têtes, il ne vous les rendra pas ; le Roy vous l'explique par ma bouche : ces seize Messieurs ne rentreront jamais au parlement ; ils en sont sortis eux-mêmes, ils n'y mettront plus le pied.

LE PRÉSIDENT. Cette résolution est bien terrible. Messieurs peuvent bien être exilés pour des causes particulières ; mais s'ils ne sont dépossédés de leurs offices que parce qu'ils ont donné leurs démissions, je désirerois que ces offices leur fussent conservés, et que les exils subsistassent tant qu'il plairoit au Roy, dans l'espérance que le Roy les rappelleroit dans un moment plus favorable. Je désirerois aussi que le Roy envoyât une déclaration qui dérogeât à l'édit de suppression des présidens, et qui approuvât le retour des officiers démis. Je vous assure d'ailleurs, Madame, que des seize exilés, huit désiroient de se retirer, et que les huit restant sont des gens de mérite, dont la démission est une perte. Dans ce pays-ci on est prévenu contre M. Clément ; eh bien ! ce Clément est adroit, habile ; il a un bel organe, et il est capable d'empêcher bien des fautes dans les délibérations de sa compagnie. Il y a aussi parmi les exilés des juges excellens, tels que

MM. Degars, de Chavanes et Saint-Vincent. Il y a un M. Lambert qui est un homme de génie. M. de Vaudeuil est un travailleur, et il a de la facilité.

LA MARQUISE. Pourquoi donc ont-ils mérité, avec tout leur mérite, la disgrace du Roy, qui ne fait rien sans de bonnes raisons? Car ces rigueurs ne sont pas de son goût. Cherchez-moi d'autres expédiens, Monsieur de Meinières, et ne tentez pas de leur conserver leurs offices, cela seroit inutile.

LE PRÉSIDENT. Je ne vois que ce seul expédient.

LA MARQUISE. Mais faudroit-il, Monsieur de Meinières, que l'État pérît parce qu'on ne vous rendra pas vos seize exilés ? Jamais les affaires du Roy n'ont été dans une si belle situation ; mais je ne vous le dissimule pas, Monsieur, si vos résistances duroient encore, il faudroit que le Roy manquât à ses alliés, à ses engagemens, et qu'il cessât de payer les rentes, les pensions, et l'État vous auroit cette obligation. Vous avez, dites-vous, le meilleur maître qui soit dans le monde, il vous laisse voir sa peine et la situation cruelle où vous réduisez son royaume, et vous demeurez sourds et indifférens; un faux point d'honneur vous retient; n'est-ce pas le moyen d'ulcérer le cœur du Roy? De quoi vous plaignez-vous? Vous avez tous donné vos démissions; le Roy a retenu celles qu'il a voulu; il rend les autres à ceux qui les lui demanderont : il a puni les uns et fait grace aux autres; n'est-ce pas le meilleur des roys?

LE PRÉSIDENT. Ah! Madame, que ce mot est cruel! On fait grace à des criminels, et nous prétendons ne l'être point. Ou si on nous répute tels, il ne faut pas que nous continuions à rendre la justice; nous n'aurons plus ni autorité ni considération.

LA MARQUISE. Ce que j'ai dit, Monsieur, est dur, mais je ne suis pas un chancelier; quand ceux qui doivent vous parler le feront, ils peseront leurs expressions pour ne rien diminuer de la considération qu'il est essentiel de conserver à la magistrature. Mais il faut que l'honneur du Roy, qui n'est pas moins important que le vôtre, soit ménagé et sauvé : il a dit deux fois qu'il avoit exilé des particuliers, qu'il avoit pourvu au remplacement de leurs offices; croyez-vous qu'il puisse changer à la face de l'univers?

Le Président. Quelle éloquence! Madame, que ne puis-je en avoir une partie, je subjugue-rois le monde. Et que ne puis-je vous conduire ici les enquêtes et les requêtes, elles souscri-roient à vos vœux. Mais quand j'irai faire le tableau de la position des affaires de l'État, ils me répondront que ce n'est pas leur faute si on les a mis dans le cas de faire une réclamation par la seule voie qui leur restoit, et qu'ils ne sont plus exposés dans la triste situation de trahir leur devoir ou de souffrir les exils et les emprisonnemens.

La Marquise. Mais fussiez-vous simple ci-toyen, pourriez-vous voir de sang-froid une poignée d'hommes résister à l'autorité d'un Roy de France? n'en auriez-vous pas une mauvaise opinion? Quittez votre petit manteau de magistrat, Monsieur le président, et vous verrez tout cela comme je le vois.

Le Président. C'est là le cas de céder aux circonstances. Henri IV, Madame, et avant lui plusieurs roys n'en ont pas fait difficulté; ce roy voulut, comme Louis XV, réduire le par-lement à la seule grand' chambre, à l'ancien président et à l'ancien conseiller de chaque chambre, et le service cessa à la tournelle et aux enquêtes. Le président Seguier fit voir que la déclaration du roy étoit contraire à l'institution du parlement, et Henri IV se désista de son entreprise, et tout rentra dans l'ordre.

La Marquise. Il y eut, dites-vous, cessation de service au parlement sous Henri IV; combien de tems?

Le Président. Depuis le 21 mai jusqu'au 6 juin.

La Marquise. Y eut-il des exilés ?

Le Président. Oui, Madame; le conseiller La Rivière que le roi regardoit comme un sot, et qu'il rendit à la compagnie avant le 6 juin.

La Marquise, *d'un ton ironique.* Cela est très-beau pour Henri IV.

Le Président. Je m'en retourne désespéré, Madame; j'avais compté, en proposant cet arrangement, que je ménageois l'autorité du Roy et les intérêts du parlement; je vois que vous ne goûtez pas mon plan. Je connois assez ma compagnie pour être eertain que, s'il étoit proposé, il souffriroit quelque difficulté, mais à la fin, il passeroit. Mais ne voulant accorder ni offices, ni liberté, je ne vois, Madame, aucun espoir de succès; j'en suis en peine en mon particulier.

LA MARQUISE. Avez-vous votre projet par écrit ?

LE PRÉSIDENT. Je l'ai donné à l'abbé de Bernis.

LA MARQUISE. C'est la même chose. Mettez-moi en état, Monsieur, de vous rendre service, car, en vérité, je le désire de tout mon cœur.

Elle se lève, salue le président, et se retire.

TESTAMENT

DE

MADAME DE POMPADOUR

1757-1764

TESTAMENT

« Je, Jeanne-Antoinette Poisson, marquise
de Pompadour, épouse séparée de biens de
Charles-Guillaume Le Normant, écuyer, ai fait
et écrit mon présent testament et ordonnance
de ma dernière volonté, que je veux être exé-
cutée dans son entier.

« Je recommande mon âme à Dieu, le sup-
pliant d'en avoir pitié, de me pardonner mes
péchés, et de m'accorder la grace d'en faire
pénitence et de mourir dans des dispositions
dignes de sa miséricorde, espérant apaiser sa
justice par les mérites du sang précieux de Jésus-

Christ, mon Sauveur, et par la puissante intercession de la Sainte Vierge, et de tous les saints et saintes du Paradis.

« Je désire que mon corps soit porté aux Capucines de la Place Vendôme, à Paris, sans cérémonie, et qu'il y soit inhumé dans la cave de la chapelle qui m'a été concedée dans leur église.

« Je laisse à M. Collin, en reconnoissance de son attachement à ma personne, une pension de. . . . . 6,000 l.

A M. Quesnay. . . . . . 4,000 l.

A M. Nesmes. . . . . . 3,000 l.

A M. Lefèvre, piqueur. . . 1,200 l.

A mes trois femmes, à Mademoiselle Jeanneton, à mes trois valets de chambre, cuisiniers, officiers, maître d'hôtel, sommelier, concierge, à chacun le revenu, à dix pour cent, du fonds de 500 livres, et pour rendre mes intentions plus claires, je vais citer un exemple : Madame Labbaty est à moi depuis douze ans ; si je mourois dans le moment, on lui payeroit 600 livres de rente viagère, faisant douze fois cinquante, à dix pour cent, de 500 livres de fonds, attendu que chaque année de service, il lui sera augmenté 50 livres de plus.

« Je laisse à mes laquais, cochers, suisses, porteurs, portiers, jardiniers, femmes de garde-robe et de basse-cour, le fonds de 3oo livres, dont on leur payera le revenu, en suivant la même méthode que je viens d'expliquer dans l'article précédent.

« Je laisse au reste de mes domestiques qui ne sont point compris dans les deux articles ci-dessus nommés, 15o livres en fonds, dont il leur sera fait la pension de la même manière expliquée ci-dessus.

« Plus, j'ordonne que toutes les pensions et fondations faites de mon vivant, auront pleine exécution; plus, je donne à mes femmes de chambre tout ce qui concerne ma garde-robe en habits, linges, hardes, y compris les dentelles.

« Plus, je donne à ma troisième femme de chambre une gratification de 3ooo livres, non compris sa rente viagère; plus, à la femme de garde-robe servant journellement auprès de ma personne, 12oo livres de gratification, non compris sa rente viagère.

« Plus, à mes trois valets de chambre, chacun 3ooo livres de gratification.

« Je supplie le Roy d'accepter le don que

je lui fais de mon hôtel de Paris, étant susceptible de faire le palais d'un de ses petits-fils.

« Je désire que ce soit pour Monseigneur le comte de Provence.

« Je supplie aussi Sa Majesté d'accepter le don que je lui fais de toutes mes pierres gravées par Guay, soit bracelets, bagues, cachets, etc., pour augmenter son cabinet de pierres fines gravées.

« Quant au surplus de mes meubles et immeubles, biens de quelque nature et en quelque lieu qu'ils soient situés, je les donne et lègue à Abel-François Poisson, marquis de Marigny, mon frère, que je fais et institue mon légataire universel; et en cas de mort, je mets en son lieu et place M. Poisson de Malvoisin, maréchal des logis de l'armée, actuellement chef de brigade des carabiniers, et ses enfans.

« Je nomme pour exécuteur de mon présent testament M. le prince de Soubise, auquel je donne le pouvoir d'agir et faire tout ce qui sera nécessaire pour l'entière exécution d'icelui, et notamment d'indiquer tels fonds, rentes et effets de ma succession qu'il jugera à propos, pour pourvoir au payement exact de toutes les pensions viagères par moi léguées; et au cas qu'il ne s'en trouve pas de convenables, je lui donne le pouvoir de prendre, sur les deniers comptans qui proviendront de la vente de mes meubles, la somme suffisante pour être employée en acquisitions de fonds ou rentes dont les revenus serviront à acquitter lesdites pensions viagères, comme aussi de nommer et de choisir telle personne qu'il jugera à propos, et aux appointemens qu'il lui fixera, pour faire la recette des revenus destinés par mon exécuteur testamentaire, et faire le payement desdites pensions viagères à chacun desdits légataires, lesquels, au moyen de ladite délégation et destination, ne pourront rien prétendre ni avoir aucuns priviléges ni hypothèques sur tous les autres biens de ma succession.

« Quelque affligeante que soit pour M. de Soubise cette commission que je lui donne, il la doit regarder comme une preuve certaine de la confiance que sa probité et ses vertus m'ont inspirée pour lui. Je le prie d'accepter deux de mes bagues, l'une mon gros diamant couleur d'aigue-marine, l'autre une gravure de Guay représentant l'Amitié. Je me flatte qu'il ne s'en défera jamais, et qu'elles lui rappelleront la personne du monde qui a eu pour lui la plus tendre amitié.

« Fait à Versailles, le 15 novembre 1757.

« JEANNE-ANTOINETTE POISSON,
Marquise de Pompadour. »

CODICILLE

« Je substitue à Abel-François Poisson, mon frère, marquis de Marigny, ma terre du marquisat-pairie de Menars et ses dépendances, et telle qu'elle se trouvera le jour de mon décès, et à ses enfans et petits-enfans mâles, et toujours à l'aîné. S'il n'a que des filles, la substitution n'aura pas lieu, et la terre sera partagée entre elles.

« Au cas de mort de mon frère sans aucune postérité, je mets en son lieu et place et aux mêmes conditions, M. Poisson de Malvoisin, actuellement chef de brigade des carabiniers. »

SECOND CODICILLE DICTÉ A COLLIN

« Ma volonté est de donner comme marques d'amitié pour les faire ressouvenir de moi aux personnes suivantes :

« A Madame du Roure le portrait de ma fille en boîte garnie de diamans. Quoique ma fille n'ait pas l'honneur de lui appartenir, elle la fera ressouvenir de l'amitié que j'avois pour Madame du Roure.

« A Madame la maréchale de Mirepoix ma montre neuve de diamans.

« A Madame de Châteaurenaud une boîte du portrait du Roy, garnie de diamans, qu'on devoit me livrer ces jours-ci.

« A Madame la duchesse de Choiseul une boîte d'argent garnie de diamans.

« A Madame la duchesse de Grammont une boîte avec un papillon de diamans.

« A M. le duc de Gontaut une alliance couleur de rose et blanche de diamans, enlacée d'un nœud vert, et une boîte de cornaline, qu'il a toujours beaucoup aimée.

« A M. le duc de Choiseul un diamant couleur d'aigue-marine, et une boîte noire piquée à pans et gobelet.

« A M. le maréchal de Soubise une bague de Guay représentant l'Amitié; c'est son portrait et le mien depuis vingt ans que je le connois.

« A Madame d'Amblimont ma parure d'émeraudes.

« Si j'ai oublié quelqu'un de mes gens dans mon testament, je prie mon frère d'y pourvoir, et je confirme mon testament; j'espère qu'il trouvera bon le codicille que l'amitié me dicte et que j'ai fait écrire par M. Collin, n'ayant que la force de le signer.

« La Marquise DE POMPADOUR.

« A Versailles, le 15 avril 1764.

APPENDICE

AUX

LETTRES A DIVERS PERSONNAGES

APPENDICE

AUX

LETTRES A DIVERS PERSONNAGES

I

A MADAME DE POMPADOUR

(Février 1746)

Je viens de parler à la Reine, Madame, et
l'ai suppliée avec instance de me dire naturellement si elle avoit quelque peine contre vous;
elle m'a répondu du meilleur ton qu'il n'y
avoit rien, et qu'elle étoit même très-sensible à

l'attention que vous avez de lui plaire en toutes occasions ; elle a même désiré que je vous le mandasse.

La duchesse de Luynes.

RÉPONSE.

Vous me rendez la vie, Madame la duchesse ; je suis depuis trois jours dans une douleur sans égale, et vous le croirez sans peine, connoissant comme vous le faites mon attachement pour la Reine. On m'a fait des noirceurs exécrables auprès de M. et Madame la Dauphine ; ils ont eu assez de bonté pour moi pour me permettre de leur prouver la fausseté des horreurs dont on m'accusoit. On m'a dit, quelques jours avant ce temps, qu'on avoit indisposé la Reine contre moi ; jugez de mon désespoir, moi qui donnerois ma vie pour elle, et dont les bontés me sont tous les jours plus précieuses. Il est certain que plus elle a de bontés pour moi, et plus la jalousie des monstres de ce pays-ci seront occupés à me faire mille horreurs, si elle n'a la bonté d'être en garde contre eux et vouloir bien me faire dire de quoi je suis accusée; il ne me sera pas difficile de me justifier, la tranquillité de mon âme à ce sujet m'en répond. J'espère, Madame, que l'amitié que vous avez pour moi, et plus encore la connoissance de mon caractère, vous seront garans de ce que je vous mande. Sans doute je vous aurai ennuyée par un si long récit, mais j'ai le cœur si pénétré que je n'ai pu vous le cacher.

Vous connoissez mes sentimens pour vous, Madame, ils ne finiront qu'avec ma vie.

LA M^{ise} DE POMPADOUR.

II

A LA DUCHESSE DE LUYNES

(Décembre 1748.)

J'apprends, Madame, que la Reine ne s'enferme point demain ; je vous prie de vouloir bien me mander si vous croyez que la proposition d'aller à l'opéra peut lui plaire ? Tout ce que je désire est de lui faire ma cour et de lui marquer mon profond respect.

La M^{ise} de Pompadour.

III

AU DUC DE NIVERNOIS

28 au soir (1755)

Le maréchal est arrivé, petit époux; le courrier qui vous rendra ce billet, vous instruira de
ce qui l'a ramené. Le parti est bon et ferme; il
n'y a que ceux-là de convenables à un aussi
grand Roy que le nôtre. Vous savez que telle a
toujours été ma façon de penser. Vous pouvez
en assurer très-affirmativement S. M. P., ainsi
que du peu d'intérêt que je prends à la banque
anglaise. Quoi que lui en ait dit son enragé de
chancelier, ce n'est en vérité pas ma faute s'il
faisoit aussi souvent de mauvaises digestions, et
je ne dois pas en porter la peine.

Bonsoir, petit époux, vous devez autant
compter sur M. de Sechelles que sur ma sincère
amitié pour vous.

Je ne suis pas en peine sur l'établissement de votre seconde fille.

Si Madame la margrave qui a demandé à M. de Calvière une de mes gravures, en désire la suite, je serai enchantée de lui en faire ma cour.

J'ai remis votre lettre au R.

A Monsieur
le duc de Nivernois,
à Bayreuth.

NOTES

PORTRAIT DE M^mo DE POMPADOUR

P. xxiii. — Ce portrait est de Ch.-Georges Leroy
(1723-1789), lieutenant des chasses des parcs de Versailles et de Marly, collaborateur de l'Encyclopédie,
auteur de *Lettres sur les animaux*, dont la dernière édition a été donnée, en 1862, par le docteur
Robinet; Paris, Poulet-Malassis, in-12. Le portrait de
Madame de Pompadour et celui de Louis XV ont été
publiés pour la première fois en 1802; Paris, Valade,
in-8, et réimprimés en 1876; Paris, J. Baur, petit in-8.
Georges Leroy les avait écrits pour Rulhières, et ils
devaient trouver place dans une *Histoire de la révolution
de Pologne*, si l'on en croit M. Roux-Fazillac, leur
premier éditeur.

LETTRES DE Mme DE POMPADOUR

Comme les autographes de Madame de Pompadour sont rares, leur fabrication a tenté les faussaires. Dans son journal *l'Amateur d'autographes*, n° de janvier 1876, M. Étienne Charavay a signalé la présence, sur le marché de Paris, d'un certain nombre de pièces copiées dans le recueil apocryphe de Barbé-Marbois, *Lettres de Madame la marquise de Pompadour, depuis 1746 jusqu'à 1762; Londres, 1771,* 2 v. in-8, qui a eu plusieurs éditions de divers formats. Depuis les faux Vrain-Lucas, on n'a pas vu, dit-il, de contrefaçon plus ridicule. Entr'autres étrangetés, ces lettres sont pourvues d'un cachet de cire rouge *aux armes de France.*

M. Étienne Charavay a fait sur les vraies lettres autographes de Madame de Pompadour les observations suivantes dont nous avons pu vérifier la parfaite justesse : « La marquise de Pompadour se servait généralement de papier de petit format, doré sur tranche ; elle ne mettait pas en vedette la formule de politesse, datait le plus souvent du jour et du mois, sans millésime d'année ; enfin, elle ne signait jamais ses lettres intimes qui portaient son cachet aux trois tours. »

En effet, des quarante-trois lettres à son père et à son frère imprimées ici, la première seulement, écrite six mois après son mariage, est signée : P. d'Etioles,

POISSON D'ETIOLES, preuve que la dame mettait déjà son mari derrière ses paniers.

Nous avons pu voir ces jours-ci, à la devanture d'un marchand de curiosités diverses, un faux autographe de Madame de Pompadour, sur papier Turkey Mill, et avec le cachet aux armes de France. A l'appui de son authenticité, on produisait une lithographie où Louis XV est représenté *offrant le bras* à la marquise pour descendre les escaliers de Versailles, avec des grâces du Théâtre de la Porte-Saint-Martin.

LETTRES A M. POISSON

P. 1-25. — Toutes les lettres de cette correspondance sont inédites, moins la douzième et dernière, publiée pour la première fois par MM. de Goncourt dans *les Maîtresses de Louis XV;* Paris, Didot, 1860, 2 v. in-8. Le répertoire de M. Étienne Charavay, qu'il a bien voulu nous communiquer, signale comme passée en vente publique une treizième lettre de Madame de Pompadour à son père, en date de 1753, où elle lui annonce l'envoi de divers cadeaux pour ses étrennes, et l'informe qu'elle a retiré sa fille Alexandrine du couvent, parce que Mademoiselle de Soubise a la petite vérole, et que la peur l'a prise pour son enfant. Nous avons imprimé telle quelle la première lettre de la série, de même que la première de la série suivante. Ces deux échantillons suffiront au lecteur pour juger de la peine que lui eût causée la lecture d'un livre tout entier de cette orthographe, et sans ponctuation.

Lettre II. — Elle est relative au procès en séparation de biens intenté à son mari par Madame d'Étiolles, qui se termina par une sentence du Châtelet, du 15 juin 1745, condamnant celui-ci à restituer à sa femme la somme de 30,000 livres par lui reçue comme partie de dot.

Le procès de son père dans lequel Madame d'Étiolles se vante de n'avoir pas sollicité, est l'action en réhabilitation poursuivie par M. Poisson condamné, en 1726, pour malversations dans les subsistances, à être pendu, et qui vit la sentence cassée seulement en 1741.

« Votre enfant » est Alexandrine Le Normant d'Étiolles, née en 1743 et morte en juin 1754, qui est, comme on le verra dans les lettres suivantes, le grand intérêt de cœur entre la future marquise et son père.

Lettre III. — Madame de Pompadour était très-matrimoniale ; on la voit sans cesse occupée de marier dans sa famille, parmi ses connaissances et dans ses terres ; pourtant elle ne parvint pas à décider son frère à prendre femme.

Les Poisson de Malvoisin étaient des cousins. La fortune de la marquise devait tomber, après la mort de son frère, entre les mains de celui pour lequel M. Poisson demandait Vincennes (voir Lettre VII).

Lettre IV. — Crécy, près de Dreux, fut la première

propriété qu'acheta Madame de Pompadour. Le Roi lui en fit faire l'emplette en 1746, au prix de 650,000 livres. Deux ans après, on y avait déjà dépensé une somme de 700,000 livres et le domaine s'était arrondi de plusieurs autres.

Lettre V. — Il résulte de cette lettre que la terre de Marigny, en Brie, achetée par Louis XV 200,000 livres pour M. Poisson, son créancier prétendu de pareille somme pour fournitures et avances, fut érigée en marquisat pour lui, et non pour son fils, ainsi que le dit le duc de Luynes dans ses *Mémoires*, et que la plupart des historiens le répètent d'après Expilly.

Lettre VI. — Une devineresse avait prédit à Mademoiselle Poisson qu'elle serait maîtresse du Roi ; on parlait d'elle devant elle comme d'un « morceau de roi » et l'on voit ici que ses parents la traitaient, en attendant, de *Reinette*, petite reine.

Lettre IX. — La manufacture de porcelaines que la marquise fit transférer à Sèvres en 1756, était alors à Vincennes.

Lettre XII. — Le Prévôt de Paris avait dans ses attributions la construction des édifices publics, des ponts, fontaines, remparts, etc.; ce qui explique qu'on pensât à cette magistrature pour M. de Vandières, déjà directeur général des Bâtiments.

M. Poisson père mourut en juin 1754, peu de jours après sa petite-fille.

LETTRES A M. DE VANDIÈRES

P. 27-96. — Au nombre de trente et une, dont vingt-neuf inédites; les Lettres VI et X ont été publiées par MM. de Goncourt dans le livre *les Maîtresses de Louis XV*. L'autographe de la première lettre de la série porte cette note, de la main de M. de Vandières : « Quarante lettres de ma sœur pendant que j'étois en Italie, en 1749, et en 1750 et 1751. » Le dossier complet se composerait donc de quarante pièces, et en effet, nous voyons figurer dans le répertoire de M. Étienne Charavay, quelques lettres de Madame de Pompadour à son frère, datées de 1750, distraites de l'ensemble et passées en vente publique. Il manque ici en tout dix lettres, le quart de la correspondance d'Italie, la dernière imprimée étant d'une date postérieure à 1751.

Abel-François Poisson, né en 1725, était de quatre ans plus jeune que sa sœur. D'abord marquis de Vandières, il devint marquis de Marigny à la mort de son père (1754) et marquis de Ménars, à la mort de Madame de Pompadour (1764). Dès 1746, il avait été nommé directeur général des Bâtiments, en survivance de M. Le Normant de Tournehem, qui s'était chargé de l'éducation des enfants de M. Poisson, pendant le long exil de celui-ci, et passait pour leur être quelque chose de plus qu'un protecteur.

Dans son voyage d'Italie, où sa sœur l'envoyait pour se former le goût aux beaux-arts, M. de Vandières avait un cortége d'artistes et de gens de lettres, Charles Cochin, Soufflot, l'abbé Le Blanc. Parti le 20 décembre 1749, il revint fin septembre 1751, à temps pour recueillir la succession de M. de Tournehem.

Lettre IV. — Nous ne trouvons pas le portrait par Liotard dans la série assez nombreuse des portraits gravés de Madame de Pompadour.

On lit dans l'*Histoire du Théâtre de Madame de Pompadour, dit Théâtre des Petits Cabinets*, par M. Adolphe Jullien (Paris, J. Baur, 1874, in-8) : « Madame de Pompadour et ses amis avaient abordé avec succès la comédie, l'opéra, le ballet; il ne manquait à leur couronne qu'un fleuron, la tragédie. Ils prétendirent le posséder, et le samedi 28 février (1750), ils représentèrent l'*Alzire* de Voltaire.... « La pièce fut fort bien jouée, dit le duc de Luynes. Madame de Pompadour et M. de Duras surtout, reçurent l'un et l'autre de grands éloges qui leur étoient justement dus. » Voltaire assistait à la représentation.

Lettre VI. — L'Infante Louise-Élisabeth, fille de Louis XV, mariée en 1739 à don Philippe, duc de Parme et de Plaisance, Infant d'Espagne, et fils de Philippe V et d'Élisabeth Farnèse.

Lettre IX. — La marquise possédait quatre tableaux de Joseph Vernet, portés sous les numéros 137 et 138 au catalogue de sa vente après décès.

Le Prince de Noisy, opéra en trois actes de La Bruère, musique de Rebel et Francœur, « resta le plus grand succès remporté durant les quatre premières années par la troupe de la favorite. (Adolphe Jullien, *Histoire du Théâtre de Madame de Pompadour.)* » La marquise y jouait un travesti, le prince de Noisy, sous le nom de Poinçon.

Lettre XI. — Le genre de caricature que nous appelons aujourd'hui la *charge*, nous vient donc d'Italie, et est de date relativement récente.

Lettre XII. — Madame de Pompadour se taillait des *Ermitages*, c'est-à-dire de petites propriétés réservées et luxueuses, un peu partout, à Compiègne, à Versailles, à Fontainebleau.

Lettre XX. — Le neveu de M. de Tournehem, qui veut donner une fille à son oncle, pour faire partie carrée avec lui, n'est autre que le mari séparé de Madame de Pompadour, M. Le Normant d'Étiolles, alors en liaison réglée avec Mademoiselle Rem, ancienne danseuse de l'Opéra.

Le sixième chapitre de l'*Histoire du Théâtre de Madame de Pompadour,* de M. Adolphe Jullien, est consacré à ce « brimborion » de théâtre de Bellevue, qui fut inauguré le 27 et non le 26 janvier 1751.

Lettre XXII. — Madame de Mailly, l'une des demoiselles de Nesle, ancienne maîtresse de Louis XV.

Lettre XXV. — Comme cadeau de noces, la marquise fit obtenir au mari la place de menin surnuméraire du Dauphin, et à la jeune épouse celle de dame surnuméraire de Mesdames. Madame de Choiseul-Romanet devait reconnaître ces bons offices en essayant de supplanter sa protectrice auprès du Roi.

M. de Vandières mourut en 1781, à l'âge de cinquante-quatre ans. Il s'était démis, quelques années

auparavant, de sa charge de directeur des Bâtiments
dont Louis XV, qui l'aimait, lui avait conservé les
honneurs et le titre ; sa direction des beaux-arts est restée
célèbre. Après avoir résisté aux instances réitérées de
sa sœur, il avait fini par se marier fort mal à une fille
naturelle de Louis XV, qui le quitta pour vivre publi-
quement avec le cardinal de Rohan, fameux par l'affaire du Collier, qu'elle accompagnait partout, déguisée
en abbé.

LETTRES A Mme DE LUTZELBOURG

P. 97-118. — Publiées pour la première fois dans les
Mélanges de la Société des Bibliophiles français, année 1828, par le marquis du Roure, moins la Lettre III
reproduite en fac-similé dans l'*Isographie*, et la Lettre IV
donnée par MM. de Goncourt dans *les Maîtresses de
Louis XV*.

La comtesse de Lutzelbourg était en rapports avec
Voltaire qui lui a écrit plusieurs fois, entre autres pour
obtenir une copie du portrait de Madame de Pompadour.

Lettre I. — Il s'agit de la bataille de Laufeld,
gagnée le 2 juillet 1747, par le Roi en personne, et le
maréchal de Saxe.

31

Lettre II. — Le marquis de Coigny avait été tué en duel au Point-du-Jour, le 4 mars 1748, par le prince de Dombes, fils aîné du duc du Maine.

Tretou, abréviation de Montretout, près de Saint-Cloud.

La Celle, ou *petit château,* car le nom lui resta, était situé à une lieue de Versailles, sur la droite du chemin de Marly. Madame de Pompadour y fit faire de 1749 à 1751 des travaux pour plus de 68,000 livres ; il avait seize appartements de maître.

La petite Madame était l'unique fruit de l'union du Dauphin avec la première Dauphine, Marie-Thérèse d'Espagne, morte des suites de ses couches le 22 juillet 1746.

Lettre III. — En 1746, le Roi avait détaché du petit parc de Versailles six hectares de terrain dont il avait fait présent à la marquise ; celle-ci y avait fait construire, sous prétexte d'*Ermitage,* une petite maison entourée de jardins, qui coûta 283,000 livres.

Le *Meudon* en question est le château de Bellevue, commencé le 30 juin 1748, inauguré le 25 novembre 1750, décrit dans la Lettre VI.

Lettre V. — Obtenir ce logement de M. et Madame de Penthièvre fut une victoire de Madame de Pompadour sur la Reine et surtout sur Mesdames, quoi qu'elle dise ici. Voir les *Mémoires du duc de Luynes,* VII, 55.

Lettre VIII. — Naissance du duc de Bourgogne, premier enfant du Dauphin et de la seconde Dauphine, Marie-Josèphe de Saxe ; mort le 22 février 1761.

Lettre XII. — Madame de Pompadour fait allusion aux conséquences du procès de Damiens.

Lettre XIII. — La mère de la Dauphine, femme de Frédéric-Auguste III, électeur de Saxe, élu roi de Pologne le 9 octobre 1733, était morte, disait-on, du chagrin que lui avaient causé les ravages du roi de Prusse en Saxe, pendant la guerre de Sept ans.

Lettre XV. — Bataille de Berghen ; Madame de Pompadour prévenue pour le prince de Soubise, lui attribue le gain de cette bataille gagnée par le maréchal de Broglie sur les Hanovriens, le 13 avril 1759.

LETTRES A PARIS DUVERNEY

P. 119-131. — Le projet de fondation de l'École militaire est dû à Paris Duverney qui s'en préoccupait dès 1725, mais si Madame de Pompadour ne l'avait pas pris autant à cœur, peut-être n'eût-il pas abouti. Cette correspondance y est tout entière relative. La Lettre V a paru d'abord dans les *Mélanges des bibliophiles*, de 1828, le Billet IV est inédit, les trois autres lettres ont déjà été reproduites, en partie, dans *les Maîtresses de Louis XV*, de MM. de Goncourt, et dans le livre de M. Émile Campardon, *Madame de Pompadour et la cour de Louis XV ;* les réponses de Paris Duverney paraissent pour la première fois. Ces pièces diverses, moins la dernière en date, sont aux Archives nationales, les lettres écrites sur papier de petite-maîtresse du temps, de format exigu, et fleuronné bleu et carmin à l'emporte-pièce.

Lettre I. — Le *petit Saint* est M. de Saint-Florentin. Madame de Pompadour aimait ces surnoms d'amitié familière. Nous avons vu que Madame de Lutzelbourg était *la grand'femme*, son frère, *M. de Marcassin*, Paris Duverney, son *cher Nigaud*. Le comte de Bernis était son *pigeon pattu*, le duc de Chaulnes, son *cochon*, Madame d'Amblimont, son *torchon*, le duc de Nivernois, son *petit époux*, etc.

LETTRES AU DUC D'AIGUILLON

P. 133-158. — Cette correspondance avec le plus impopulaire des commandants de provinces du règne de Louis XV, est conservée en original au British Museum, fonds Egerton, nᵒ 39, in-4. Elle a été publiée, dans la *Correspondance littéraire* de M. L. Lalanne, nᵒ du 5 septembre 1857.

Lettre I. — Les Anglais, en avril 1758, avaient fait une descente près de Saint-Malo; débarqués de nouveau, le 4 septembre, à Saint-Lunar et à Saint-Cast, ils furent battus par les troupes que le duc d'Aiguillon avait rassemblées. Voir les lettres suivantes.

Lettre II. — *M. Cavendish ;* peut-être le nom de quelque héros de roman anglais, dont le caractère rappelait celui du duc d'Aiguillon.

Lettre VII. — « Notre affaire, » c'est le projet de descente en Angleterre pour lequel on rassemblait des troupes et des navires à Vannes.

Lettre XII. — Le zèle dont les Bretons venaient de donner une nouvelle preuve, était le vote par les États d'un don gratuit de 700,000 livres.

Lettre XIII. — « Le procureur de Guingamp, » peut-être le procureur général au parlement, La Chalotais, adversaire de d'Aiguillon.

LETTRES AU DUC DE RICHELIEU

P. 159-166. — Trois lettres, publiées par M. Paul Boiteau dans son édition des *Mémoires* de Madame d'Épinay, de la bibliothèque Charpentier, 2 vol. D'après le répertoire de M. Étienne Charavay, quelques lettres de la marquise au duc auraient passé en vente publique ; la correspondance entre eux a dû être assez active et suivie, bien qu'ils aient vécu sur un pied de paix armée. Salué, non sans enthousiasme, dans la Lettre II, du titre de Minorquin, Richelieu n'en avait pas moins eu le commandement de l'expédition de Minorque malgré Madame de Pompadour.

LETTRES A DIVERS PERSONNAGES

P 167-172. — Cette série devrait être considérable, et elle se réduit à trois pièces.

On a vu passer en vente publique des lettres et billets de Madame de Pompadour à Berryer, ministre d'État, à Orry, contrôleur général, à Miromesnil, premier président au parlement de Rouen, à M. et Madame de Fitz-James, au duc de Chaulnes, à Voltaire, au pastelliste Latour, mais qui n'ont pas été publiées. Voici au moins, d'après un catalogue, le sommaire de la lettre à Latour, relative au grand portrait de la marquise qui est au Louvre : « L. A. S. datée de Choisy, in-4, encadrée d'une vignette bleue. Elle est à peu près dans le même embonpoint où il l'a vue à La Muette, et elle croit qu'il serait à propos de profiter du moment pour finir ce qu'il a si bien commencé. S'il peut venir demain, elle sera libre et avec si peu de monde qu'il voudra : « Vous connoissez, Monsieur, le cas que je fais de vous et de vos admirables talens. »

Lettre I. — A Anne-Marie d'Aignan, baron d'Orbessan, qui succéda à son père, en 1738, dans la charge de président à mortier au parlement de Toulouse. Lettre publiée avec fac-similé dans la *Revue des documents historiques*, de M. Étienne Charavay, 3e année, 1875-76.

Lettre II. — A l'abbé Le Blanc qui malgré la protection de la marquise ne fut jamais de l'Académie française, mais il eut, à titre de dédommagement, la place d'historiographe des Bâtiments. Lettre donnée dans la *Revue des documents historiques*, de M. Étienne Charavay, 1re année, 1873-74.

Lettre III. — Publiée dans *l'Amateur d'autographes*, t. V, 1866. On ignore le nom de ce libelliste livré par les États généraux de Hollande.

CONVERSATIONS
AVEC LE PRÉSIDENT DE MEINIÈRES

P. 173-214. — Ces Conversations qui montrent Madame de Pompadour dans son activité gouvernementale, sont rapportées dans les *Mémoires du maréchal*

duc de Richelieu.... Paris, Buisson, 1793, in-8, au
t. IX; mais M. le baron Jérôme Pichon a donné de la
première, dans les *Mélanges des Bibliophiles français,*
année 1856, un texte imprimé sur l'autographe du président de Meinières, qui est préférable.

J.-B.-F. Durey de Meinières, né en 1705, président
à la deuxième chambre des requêtes du palais depuis
1731, se retira en 1758, peu de temps après ces entrevues. Outre plusieurs ouvrages, dont la liste se trouve
dans le P. Lelong et dans la *Biographie universelle,*
il laissa plus de cent volumes in-folio d'extraits des
Registres du parlement, qui furent dispersés vers 1806.
Il était mort en 1785.

TESTAMENT DE Mme DE POMPADOUR

P. 215-224. — Le testament de Madame de Pompadour a été publié après la mort de son frère décédé
intestat et sans enfants, par suite d'un procès entre
M. Poisson de Malvoisin et la marquise de Ménars.
Voir t. XX des *Mémoires pour servir à l'histoire de la
république des lettres en France.*

L'hôtel que la marquise lègue au Roi (p. 220), est
l'hôtel d'Évreux, acquis au prix de 730,000 livres, ac-

tuellement l'Élysée ; elle y avait fait faire des travaux considérables.

Dans sa *Notice sur Jacques Guay*, M. J.-F. Leturcq émet l'opinion que la pierre léguée au maréchal de Soubise, est le numéro XLII de l'Œuvre de Madame de Pompadour, cornaline blanche, gravée d'après un dessin de Boucher, par la marquise elle-même.

APPENDICE AUX
LETTRES A DIVERS PERSONNAGES

P. 225-232. — Les recherches continuées pendant l'impression du volume, nous ont permis d'ajouter trois pièces à cette dernière série.

Lettre 1 et *Réponse*. — Empruntées l'une et l'autre aux *Mémoires* du duc de Luynes, t. VII, p. 92 ; on lit dans le même volume, à la date du *mardi 15 février* (1746), *Versailles* : « Avant-hier Madame de Pompadour dit à Madame de Luynes, en revenant de la messe, qu'elle étoit dans l'inquiétude la plus vive et la douleur la plus amère ; qu'elle savoit qu'on lui avoit fait une noirceur affreuse auprès de la Reine, et sans expliquer de quoi il s'agissoit, qu'elle souhaitoit fort que la Reine n'y ajoutât pas de foi, et qu'elle la prioit de lui en parler. Madame de Luynes en rendit compte sur le champ à la Reine, et Madame de Luynes écrivit en conséquence la lettre dont on trouvera ci-jointe la copie, et la réponse que lui fit Madame de Pompadour. »

Lettre II. — Elle est de décembre 1748 : « Madame de Luynes répondit, dit M. de Luynes (*Mémoires*, t. IX, p. 266), que quoique la Reine ne s'enfermât point, elle croyoit qu'elle aimeroit mieux aller à l'opéra un autre jour. »

Lettre III. — Donnée par MM. de Goncourt dans *les Maîtresses de Louis XV*, t. II, p. 124.

La margrave de Bayreuth, à qui Madame de Pompadour offre la suite de ses gravures, était la sœur de Frédéric II.

FIN

TABLE DES FIGURES

TABLE DES MATIÈRES

INDEX

ALPHABÉTIQUE

DES

LETTRES ET PIÈCES ANNEXES

T

THIERS (M. de), 177.
TOULOUSE (la comtesse de), 104.
TOURNEHEM (M. LE NORMANT de), directeur général des Bâtiments, 34, 37, 53, 55, 57, 61, 66, 67, 75, 76, 78, 83, 84, 85, 87, 90, 91, 110.
TRIVULCE (la princesse), 43.

V

VALLIÈRE (le duc de la), 84.
VALLIET fils, 63.
VANLOO (Carle), peintre, 37, 44, 53, 61, 63, 117.
VAUDEUIL (M. de), membre du parlement, 210.
VENELLE (M. de), 101.
VERNET (Joseph), peintre, 51, 52, 63, 76.
VICTORINA (Madame), 62.
VILLARS (Madame de), 109.
VINTIMILLE (le neveu), 108.
VOLTAIRE, 70.

Paris. — Imprimerie Motteroz, 31, rue du Dragon.